DISCOURS PHILOSOPHIQUES.

DISCOURS
PHILOSOPHIQUES,
SERVANT D'INTRODUCTION
AUX LÉGISLATIONS
CIVILE ET CRIMINELLE.

PAR M. G. D. G.

A PARIS.

Chez FAUVELLE, Imprimeur des Tribunaux criminel et de première Instance, Place circulaire du Palais.

An X. — 1802.

ERRATA.

P. 16, lig. dernière, *au lieu de* Loi, *lisez :* Lois.
P. 18, lig. 4, *lisez :* s'entrechoquer :
Même p., ligne 7, *lisez :* vicieuses ;
P. 20, ligne 7, *lisez :* langues ;
Même p., lig. 12, *lisez :* d'inconséquence et de bisarrerie.
P. 24, lignes 7 et 8, deviendrait-il, *lisez :* deviendra-t-il
P. 27, ligne 6, une virgule après *commerce*,
Même p., lig. 7, *une virgule après* mais,
P. 36, ligne 21, la poitrine, *lisez :* leur poitrine.
P. 41, *aux notes*, lig. 21, son élément, *lisez :* leur élément.
P. 43, *aux notes*, lig. 3, *après* vive ; *mettez une virgule.*
Même p., *aux notes*, lig. 7, irritables, *lisez :* irritable.
P. 44, lig. 12, es sens, *lisez :* les sens.
P. 45, lig. 22, *après* dès-lors, *mettez une virgule.*
P. 46, lig. 3, es forces, *lisez :* les forces.
P. *idem*, lig. 22, au lieu de subordonnées, *lisez :* subordonnés.
P. 48, lig. 3, *après* dès-lors, *mettez une virgule.*
Même p., lig. 6, tout homme à, *lisez :* tout homme a.
Même p., lig. 8, sit, *lisez :* fit.
Même p., lig. 15, *après* pourrait, *mettez une virgule.*
P. 50, lig. 18, *après* cela, *mettez une virgule.*
Même p., lig. 21, *après* délit, *mettez une virgule.*
P. 51, lig. 22, menaces, *lisez :* menace.
P. 52, lig. 24, le nombre, *otez* le.
P. 54, lig. 3, sont, *lisez :* font.
P. 55, lig. 8, *après* mort, *ôtez la virgule.*
P. 58, lig. 23, desrichemens, *lisez :* défrichemens.
Même p., lig. 26, infligés, *lisez :* infligées.
P. 60, lig. 16, *après* encourageât, *mettez une virgule.*

AVIS DE L'ÉDITEUR.

Les deux Discours que l'on présente en ce moment au Public, sont extraits d'un Ouvrage intitulé : PRINCIPES ÉLÉMENTAIRES DE GOUVERNEMENT, *pour parvenir à l'établissement d'une* CONSTITUTION *générale*, *divisée en Constitutions religieuse* ou *Morale*, *Politique* et *Civile*, et dans lequel l'Auteur a réuni tout ce qui peut intéresser l'Administration générale et particulière d'un Etat quelconque.

Cet Ouvrage, fruit de quarante années de travaux et de méditations, destiné, dans le tems, à diriger les travaux dont les Etats-Généraux devaient s'occuper, réunit les Législations *civile*, *criminelle* et *municipale* ; et les deux Discours que l'on donne servent d'introduction aux deux premiers Codes. On a pensé qu'un travail propre à rectifier les abus du passé, les erreurs du présent, et à préparer le bonheur futur, pouvait faire naître des idées heureuses dans un moment, sur-tout, où la Législation de tous les Peuples a besoin, non-seulement d'une refonte générale, mais encore d'une création nouvelle.

On pourrait croire que ces Discours ne sont qu'un ouvrage de circonstances; mais ce travail existe depuis plus de 18 ans. Il fut communiqué par l'Auteur en 1784 à Frédéric II, roi de Prusse, avec lequel il étoit en relation; et ce Souverain, dont le nom seul fait aujourd'hui l'éloge, lui répondit le 9 Novembre de la même année.

« M. de G..... Plus la Législation se rap-
» proche des Lois naturelles et de leurs
» principes, et plus mérite-t-elle les ap-
» plaudissemens du Sage : tout homme de-
» sire d'être heureux, et ce n'est que sous
» les auspices d'une telle Législation qu'il

» peut l'être ; votre CODE NATIONAL me
» paraît porter ce caractère , et je suis très-
» sensible à l'attention que vous avez eue
» de m'en adresser le discours préliminaire,
» qui fait beaucoup d'honneur aux senti-
» mens et à la pénétration de son Auteur. »

Au surplus , l'opinion du Public sur cet essai, pourra nous déterminer, par la suite, à publier successivement quelques autres fragmens du même Auteur qui , comme nous l'avons dit , s'est entièrement occupé de toutes les parties administratives sur lesquelles il avait déjà publié trois volumes avant la Révolution.

DISCOURS PRÉLIMINAIRE SUR LA LÉGISLATION CIVILE.

Jusqu'ici, j'ai développé les bases successives d'une Constitution établie sur la *Nature* et la *Raison*; la Religion et les Mœurs sont le soutien du Gouvernement politique, ce dernier est le fondement de la Législation, et celle-ci est le plus ferme appui de l'Administration civile. Ces différentes bases sont tellement cohérentes entr'elles, que l'une venant à manquer, les autres doivent s'écrouler d'elles-mêmes, parce qu'en pareille matière, on ne peut marcher que de principes en conséquences.

Ainsi, la Législation étant la base de toute Administration et le lien indissoluble du Pacte social, il est indispensablement nécessaire de l'établir, avant de passer aux différentes parties constitutives de l'Administration du Gouvernement, qui ne sont que la conséquence de la Législation.

L'Administration générale, après la fondation d'un Gouvernement, frappe directement sur trois objets, *Justice*, *Police* et *Finances*. Mais, point de Gouvernement sans Justice, point de Justice sans Lois, point de Lois sans Police; point de Police sans Règles, point de Règles sans Administration, point d'Administration sans Finances, et point de Finances sans Ordre; or, l'Ordre seul est la base primordiale de tout ce qui précède, et il ne peut exister lui-même, que par une solide et sage Constitution; telle est la marche politique et progressive, pour arriver au meilleur Régime possible, et c'est ce que je vais faire en sorte de démontrer.

§ PREMIER.

Division de la Législation.

Maintenant, après avoir établi le Gouvernement par les Constitutions religieuse et politique, il s'agit de le consolider par la Constitution civile; or, cette Constitution n'est autre chose que la *Législation universelle*, ou le Code général des Lois; mais ce Code se divise naturellement en *civil*, *criminel* et *municipal*.

Le Code *civil*, est l'assemblage des Lois qui doivent assurer l'état des Personnes, protéger les individus et les propriétés, régler et fixer les conventions et transactions de tout genre entre les habitans d'un même empire.

Le Code *criminel*, réunit les Lois qui doivent déterminer l'espèce et la nature des Délits et des Peines, sous tous leurs rapports, protéger la sûreté publique, et garantir ou venger les individus de tous les attentats contre leurs personnes et contre leurs biens.

Le Code *municipal*, contient les Lois qui constituent la police particulière, qui servent à maintenir l'ordre et la tranquillité publique. Enfin qui tendent à prévenir les accidens de tout genre ou du moins à y remédier lorsqu'ils arrivent.

§ II.

Division et subdivision du Droit général.

La Législation repose sur la *Justice* et le *Droit*, et ceux-ci, sur la *nature* modifiée par la *raison* et la réflexion.

La *Justice*, est la régle invariable pour rendre à chacun ce qui lui appartient. Le *devoir* de ne point blesser les mœurs et de ne faire à personne ce que nous ne voudrions pas qu'on nous fît, est ce qui constitue le *Droit*, et donne à chacun celui de réclamer ce qui lui appartient ; d'où résulte la conséquence, que la *justice* et le *droit* enseignent à tous les hommes ce qu'ils se doivent à eux-mêmes, ce qu'ils doivent aux autres, et ce que le Magistrat doit à tous.

Le Droit-général, se divise en Droit *naturel* et *Droit des Gens*. Je ne parlerai point du Droit *civil* qui est propre à chaque Nation, par la raison que toute espèce de droit, ne dérivant que du même principe, il ne devrait en exister qu'un seul et le même par-tout.

Le Droit *naturel*, est commun à l'universalité du genre humain ; par-tout il a la même force, et tout homme peut jouir de son bénéfice dans toute son étendue, tant que ce droit ne préjudicie pas à celui d'autrui, et qu'il n'est pas limité par les lois du Pacte-social.

Le Droit *des gens*, est celui que la raison a dicté à toutes les Nations, qui, par ce motif leur est commun, et qui s'observe généralement entr'elles.

Cette première division du Droit-général, se subdivise ensuite en Droit *public* ou politique, et Droit *privé*. Le premier, ne concerne que l'*Etat*, et le second, que les *Particuliers*; c'est celui-ci que l'on nomme improprement Droit *civil*, et qui devrait plutôt s'appeler *Droit social*, parce qu'en effet, il devrait être commun à tous les hommes et à toutes les Nations.

§ III.

De l'origine des Lois.

Les premières Lois n'ont pû être formées qu'après la réunion des Tribus et des Peuplades en corps de Peuple; jusques-là, il n'a dû exister chez les Tribus qu'une sorte de police paternelle, et chez les Peuplades que des usages, et ce n'est qu'à la suite des réunions, qu'ont dû se faire des lois alors devenues indispensables. Les premières selon les uns, ont dû exister chez les Juifs dont Moyse fut le législateur; selon les autres, elles ont dû exister chez les Chaldéens, les Indiens et les Chinois; mais, excepté celles de Moyse, les autres n'ont pû parvenir jusqu'à nous. Nous voïons seulement, d'après les Historiens, que depuis plus de quatre mille ans, les Brachmanes avaient une parfaite connaissance du *juste* et de l'*injuste*, puisqu'ils distinguaient, expressément, les délits du *corps*, ceux de la *parole* et ceux de *la volonté* ; les premiers étaient *l'assassinat*, le *vol*, le *viol* et les *sévices* ; les seconds, la *dissimulation*, le *mensonge*, et les *injures* ; les troisièmes, le *désir du mal d'autrui*, *l'indifférence sur les misères humaines*, et *l'envie du bien des autres*. Or, ces distinctions étaient le résultat de principes très-approfondis.

Les premières Lois connues sont celles d'*Athènes*, de *Sparte* et de *Lacédémone* ; mais celles qui se sont le plus répandues, en étouffant toutes les autres, ont été les Lois *romaines*, qui sont encore en vigueur, pour la plupart, dans la majeure partie de l'Europe, et qui ont formé ce Corps de lois connues sous le nom de *Droit Romain*.

§ IV.

De la défectuosité des Lois.

Depuis qu'il a existé des Lois, elles ont toujours été vicieuses, parce qu'on s'est toujours écarté de la vraie, de la seule et de la plus sacrée de toutes, *celle de la Nature*, cette loi précieuse qui n'est autre que la loi divine même, puisque la Nature entière est l'ouvrage de la Divinité.

Toutes les Nations cependant semblent avoir

reconnu cette auguste loi, puisqu'elles en ont fait la base de leur législation, et que Justinien a particulièrement confirmé ce que j'avance par la définition qu'il a donnée de la *Justice* et du *Droit* dans le préambule de ses *Institutes*; cependant, c'est en partant de ces principes, que l'on a fini par établir une Législation presque toujours en contradiction avec la loi naturelle.

Mais pourquoi cette contrariété choquante ? c'est, je crois, parce que tout Législateur a dû nécessairement être le plus puissant ou le plus fort, et que *la loi du plus fort* a toujours prévalu. En effet, en analisant la Législation de tous les tems, on voit qu'elle offre par-tout la verge du despotisme ou le collier de l'esclavage. Jamais on n'apperçoit un juste rapport entre le *Législateur* qui dicte la loi et le Peuple qui la reçoit; elle est au contraire toujours *coactive* de la part de celui qui l'impose, et toujours *dure* pour celui qui doit l'exécuter; or, c'est précisément l'effet que ne devrait point avoir une loi puisée dans la Nature.

Il est constant, qu'à la réserve des Usages purement locaux qui, quoique variées à l'infini, sont néanmoins indiqués par la nature même, il ne devrait exister qu'un seul et même corps de Lois sur l'universalité du globe, puisqu'elles ne sont faites que pour des hommes qui, soit au moral, soit au phisique, sont par-tout les mêmes, abstraction faite de la différence de couleur ou de conformation qui peut en varier les espèces. La Législation, au contraire, varie dans tous les Etats, quoique généralement appuïée sur les mêmes bases, ce qui, nécessairement, doit la rendre vicieuse; parce qu'il est impossible de faire dériver, d'un même principe, des conséquences qui soient à la fois *justes* et néanmoins diamétralement *oposées*.

§. V.

Des causes de la défectuosité des Lois.

Mais pourquoi les différentes Législations sontelles généralement vicieuses? Le voici. Les Législateurs, ainsi que les Chefs de Sectes religieuses, ont été successivement plagiaires les uns des autres; pas un d'eux n'a poussé l'effort du génie et de la philosophie jusqu'à créer un Corps de lois raisonnées et conséquentes les unes aux autres; ils se sont contenté d'ajouter à la législation d'autrui tout ce qui pouvait concourir au soutien et à l'affermissement de leur grandeur ou de leur autorité personnelle; de sorte que chaque Législation examinée de sang froid, présente l'assemblage le plus ridicule, et souvent le plus barbare, de lois

presque

presque toujours incohérentes ; aussi, dit Voltaire (*), « il n'y a aucun bon Code dans aucun » pays, la raison en est évidente, les lois ont été » faites à mesure, selon les tems, les lieux, les » besoins, etc. »

Ensuite, on a enchaîné chacune de ces lois dans un dédale de Formes plus bisarres encore ; de là, leur obscurité ; de là, les interprétations, les gloses, les commentaires, et, ce qui estplus extravagant encore, les *commentaires* des *commentaires* ; or, comment, au milieu d'une confusion aussi étrange, peut-on même apercevoir la loi, comment peut-on remonter jusqu'à elle, comment peut-elle être connue, exécutée, respectée? c'est assurément la chose impossible. « L'obscurité des » Lois, a dit le célèbre Chancelier BACON, procède de quatre causes; savoir : de la trop grande » multiplicité de ces mêmes lois, auxquelles on a » joint encore celles tombées en désuétude ; l'ambiguité d'une rédaction trop peu claire et trop » peu lumineuse ; le mode vicieux et négligé de » leur explication ; enfin, la contradiction et la » vacillation des Jugemens. (**) »

(*) Dict. philosop. sur les lois, sect. III.

(**) *Bacon*, Tract. de Justit. Univers. Aphor. 52.

Vérité, *simplicité*, *brièveté*, *clarté*, tels doivent être les caractères distinctifs des lois. En effet, des lois multipliées sur un même objet doivent nécessairement s'entrechoquer ; des lois simples, courtes et claires sont à la portée de chacun : celles, au contraire, qui exigent des commentaires, sont obscures, et, conséquemment, vicieuses, parce que, toute loi susceptible d'interprétation, est, par la même raison, susceptible d'un double sens, et dès-lors, elle pèche contre sa propre essence ; c'est pourquoi toute loi dont le sens est compliqué dans sa rédaction, et qui, par cela même, ne sert qu'à multiplier les ressources de la mauvaise foi, doit être rejetée.

§ V I.

De la reduction du Droit à ses véritables divisions.

Toutes les divisions du Droit établies par les Jurisconsultes, se réduisent, ce me semble, à deux seules, le Droit *naturel*, et le Droit *social* qui renferme sous cette dénomination générique, le Droit *des Gens* et le Droit *civil*. En effet, le droit *naturel* est le Code même de la nature ; le droit *social* est une ampliation du droit naturel, modifié par la raison.

Le besoin seul a pu réunir et lier tous les

hommes. Une fois rapprochés et unis, la diversité des Peuplades ou des Nations n'a point brisé ce lien, et, de ce moment, un homme a cessé d'être étranger aux yeux de son semblable. Voilà le bel ordre de la nature, et la sublimité de l'ouvrage de son Auteur.

Dans cette position, il a fallu des Lois, des Usages et des Conventions; mais il a fallu les puiser dans la nature, et dans l'avantage respectif des individus. Voilà donc à-la-fois et le *Droit naturel*, et le *Droit social* établis.

Les hommes plus instruits par l'expérience, ont senti la nécessité d'établir un sistème de Législation qui liât plus étroitement entr'eux les membres de la Société générale. Assurer les propriétés, et déterminer l'état des personnes, tel a dû être le premier objet de la Législation; de là, dérivaient nécessairement les *acquisitions*, les *échanges*, les *conventions matrimoniales*, et l'*ordre des successions*.

Ces premières lois ont ensuite été développées, étendues ou restreintes, et, pendant long-tems, la nature et les besoins qui en dérivent ont été les seuls législateurs.

§. VII.

Des changemens arrivés dans la Législation.

Lorsque les Nations ont été formées, et que le

fléau de la guerre a infesté le globe, alors les invasions et les ravages ont changé la face de la Législation comme celle de l'univers ; chaque Usurpateur a établi des lois à son gré. Les réunions partielles de Peuples, opérées par les invasions, ont fait naître la confusion des lois comme celle des langues ; de sorte qu'il en est résulté un chaos doublement monstrueux.

La diversité de religions, de cultes, de formes administratives, l'abus du pouvoir, l'ignorance et la superstition, ont successivement répandu sur la Législation un vernis d'inconséquence et de bisarrerie, que des siècles nombreux n'ont encore pu jusqu'à présent effacer. Ces inconvéniens ont fait naître des principes extravagans, que les lumières de la raison et de la philosophie auront encore beaucoup de peine à détruire, parce que, de tous les maux, les préjugés sont les plus difficiles à déraciner, et sont incontestablement les plus incurables.

La confusion et la barbarie qui se sont introduites dans la législation, ont porté les atteintes les plus mortelles au bonheur public. L'abus du pouvoir s'est déguisé sous le masque de la loi, la vengeance et les grands crimes se sont armés de son égide : et la législation, qui devait être, dans tous les tems, la *protectrice* de l'opprimé, n'en a souvent, au contraire, été que le *bourreau.*

Les lois, au lieu d'être justes, sont devenues cruelles et barbares, parce qu'elles se sont écartées, de plus en plus, de celles de la nature, et parce que l'on a pas observé que chaque loi, considérée sous tous ses rapports, devait toujours tendre au bien général de la société ; de là, cette confusion de lois contradictoires, qu'il est si difficile, pour ne pas dire presque impossible de réformer aujourd'hui, si l'on ne revient absolument aux principes invariables de la nature.

§. VIII.

De la Législation Romaine.

La Législation romaine, propagée par les conquêtes de la République, a servi de base à celle d'une partie des nations de l'Europe, depuis la chûte de l'Empire romain ; et l'on n'a pas considéré que ces lois, analogues, lors de leur promulgation, au génie fier, dur et républicain de l'ancienne Rome, ne pouvaient avoir aucune application juste, soit aux principes du Gouvernement Monarchique, soit aux mœurs et aux usages des différens peuples. En effet, chaque loi romaine annonce l'autorité la plus absolue, le despotisme le plus impérieux; aussi cette législation a-t-elle jeté les fondemens du gouvernement *féodal*, gouvernement le plus injuste, le plus barbare, et le plus diamétralement contraire aux lois de la nature.

Accoutumés à ne régner que sur des esclaves, à ne commander qu'à des êtres courbés sous le joug de la servitude, les Romains pouvaient-ils avoir une législation douce et populaire? On peut en juger d'après la conduite des colons de l'Amérique, qui ne commandant qu'à des esclaves, nous offrent, en diminutif, ce que la fierté romaine présente d'une manière plus fastueuse et plus imposante.

Or, comment concilier l'esprit de ces lois avec les mœurs adoucies et policées de la plupart des Nations de l'Europe, et sur-tout de la Nation française, dont le génie, le caractère, et les habitudes présentent le contraste le plus choquant avec la législation romaine. Pour couronner ce chef-d'œuvre d'incohérence, on a fait une amalgame de ces lois avec une infinité de coutumes et d'usages qui, en les rapprochant, forment l'assemblage le plus confus, le plus hétérogène, et tel enfin, que l'état de la législation générale de la

France aurait exigé un demi siècle de travail avant de parvenir à la connaitre à fond. Aussi cette diversité monstrueuse d'Usages et de Coutumes, ne présentait-elle que des *questions* à élever ou des *difficultés* à résoudre. LOUIS XI, l'un des plus politiques Souverains de la France, avait bien senti la nécessité d'une refonte générale et uniforme des Coutumes; mais malheureusement, ce projet n'eût point d'exécution, parce que le sistême féodal, encore en vigueur alors, y portait le plus grand obstacle; et c'est ainsi que, toujours, les intérêts privés l'ont emporté sur le bien général.

L'unité de Loi, peut seule garantir les conventions particulières de toute espèce d'entraves, elle assure la tranquilité des citoyens, elle répand plus de clarté, plus d'uniformité dans les décisions des Tribunaux, et chacun peut alors devenir son propre juge.

§ IX.

De la Réforme de la Législation française.

Sous le règne de LOUIS *le Grand*, se fit la rédaction des nouvelles Ordonnances, moins vicieuses à la vérité que les anciennes; on les a, par cette raison, regardées comme un chef-d'œuvre mais ce travail est moins le redressement des Lois que celui des Formes dans lesquelles on avait introduit plus d'ordre et de simplicité : car, au lieu de subordonner les formes aux lois, on a rendu les lois plus esclaves des formes, et, cependant, c'était l'ouvrage des plus célèbres Magistrats.

Mais, difficilement un Magistrat éclairé deviendra-t-il un excellent Législateur, parce que l'habitude des anciennes lois, l'usage journalier des anciennes formes, les préjugés, suite nécessaire des premiers principes que l'on s'est fait, sont autant d'obstacles à l'essor du génie législatif. Tel souvent, en effet, n'a jamais connu les principes méthodiques d'un art ou d'une sience, qui, cependant, en a surpassé les chefs-d'œuvres ; et cela, par la seule raison qu'il n'a point asservi son génie aux règles établies. Il en est de même en fait de législation, et souvent un Militaire composerait un meilleur Code qu'un Jurisconsulte.

§ X.

De la Législation criminelle.

Mais, après avoir exposé mon opinion sur la diversité, la contrariété des lois, et leur contradiction avec la loi naturelle, que dire de la

Législation *criminelle* de tous les païs et de tous les siècles ? sinon, qu'elle a, jusqu'à présent, été le chef-d'œuvre de la barbarie et de la férocité, qu'elle a constamment été contraire aux lois divine, humaine, et naturelle, et qu'elle n'a servi qu'à la destruction plutôt qu'à l'amélioration de l'espèce.

Que dirai-je encore des formes introduites en matière criminelle, de l'irrégularité de l'instruction, de l'incertitude des Jugemens, et sur tout de la disproportion énorme qui se trouve presque toujours entre les *peines* et les *délits* ? Tout ce que je puis en dire, c'est que cette législation atroce n'est le Code, ni de l'humanité, ni de la philosophie.

Le marquis BECCARIA, cet estimable auteur du double traité *des Délits* et *des Peines*, des *Vertus* et des *Récompenses*, est le premier qui ait désillé les yeux, par ses savans ouvrages sur cette matière, et qui se soit le plus rapproché de la législation naturelle ; mais il n'a pas encore fixé, d'une manière assez précise, l'opinion générale sur un objet aussi important à l'humanité. Je tâcherai donc, autant qu'il me sera possible, de suppléer à cette insuffisance, et sur tout d'établir des principes d'après lesquels il ne soit plus possible de varier ni d'errer sur une matière aussi délicate.

§ XI.

De la division du Code général.

L'Administration publique, formant l'objet de la Constitution civile, se divise, comme je l'ai dit, en *Justice*, *Police* et *Finances*; ce sont les mêmes divisions que je vais suivre, en commençant par tout ce qui concerne la Justice. Celle-ci présente naturellement, sous le titre de *Code social*, trois Législations séparées qui sont les législations *civile*, *criminelle* et *municipale*.

La première se divise en deux parties, dont l'une concerne l'*état civil* des citoyens, savoir : *les naissances*, *les mariages* et *les sépultures*, les *interdictions*, *exhérédations* et *substitutions*, les *testamens*, les *donations*, les *successions*, les *partages*; et généralement, les *transactions* de tout genre entre particuliers : l'autre concerne les *Tribunaux*, les *Juges*, leurs *devoirs*, et la *Jurisprudence* générale, qui détermine l'ordre et la forme des Procédures civiles.

La Législation *criminelle* concerne les *Délits* et les *Peines*, et fixe le mode d'instruction et la manière de procéder sur cette matière.

Enfin, la Législation *municipale* se divise encore en

deux articles ; le premier concerne les *mœurs* et la *sûreté* publique, l'administration des *hôpitaux*, les *commestibles*, les *approvisionnemens* de tout genre, l'entretien des *édifices publics*, et généralement tout ce qui constitue la Police municipale. Le second article embrasse le *Commerce*, et tout ce qui doit entrer dans la formation d'un Code mercantile.

Mais, pour mettre plus d'ordre dans la marche de la Législation civile, il faut suivre progressivement l'homme, depuis sa naissance jusqu'à son décès, et même au delà ; par la raison que, tous les actes relatifs aux différens âges, sont nécessairement une conséquence les uns des autres, et c'est sur ce principe que sera rédigé le Code social qui va suivre.

FIN DU PREMIER DISCOURS.

DISCOURS PRELIMINAIRE SUR LA LEGISLATION CRIMINELLE.

De toutes les Législations qui ont existé sur le globe connu jusqu'à nos jours, aucune n'a jamais été plus fausse dans ses principes, ni plus terrible dans ses conséquences, que la Législation criminelle. Il semble, en effet, que tous les Législateurs jusqu'à ce moment, aient oublié qu'ils étaient hommes, ou qu'ils n'aient jamais analisé ni connu le cœur humain.

Ils se sont contentés de former une nomenclature des actions humaines, que, d'après le Pacte social, on devait considérer comme *criminelles*, et ils se sont bornés à fixer une peine relative à chacune de ces actions reprouvées ; mais, comme je viens de le dire, ils n'ont consulté ni la nature, ni la raison, ni le cœur humain ; ils n'ont même pas tâché d'approfondir la cause première des *délits*, avant que d'en déterminer la *peine* ; aussi prouverai-je dans un instant, combien ces différentes législations ont été, je ne dis pas injustes, mais tiranniques, et j'espère répandre sur cette matière si importante, un jour qui n'a lui jusqu'à présent, aux yeux d'aucun Législateur.

Avant de poser le premier principe en matière criminelle, il fallait examiner si, 1°. l'homme était *phisiquement* et *moralement* maître de ses *penchans* et de ses *affections*, qui sont le principe de ses *Actions*. 2°. s'il était également maître de ses *volontés*, qui sont le principe de sa *conduite*.

Mais, pour décider ces questions, il fallait remonter encore plus haut, et savoir qu'elle était la cause *première* de nos volontés, de nos penchans, de nos passions et de nos affections. Cette recherche eut naturellement conduit à l'examen phisique de notre organisation, qui, nécessairement eut opéré la solution de tous ces problêmes. Or, ce n'était que par une analise exacte du Corps humain, qu'il était possible de connaître l'origine, les causes et l'effet des passions ; mais ce qu'on n'a pas encore fait, je vais tâcher de le faire dans le développement phisiologique qui va suivre.

Le Corps humain, dans son état de perfection, est, sans contredit, le plus beau chef-d'œuvre de l'Auteur de la Nature ; sur-tout, si l'on examine scrupuleusement la forme et l'usage de toutes les parties qui le composent, et le méchanisme sublime de l'ensemble.

Le Corps humain est un édifice *mécanique* et *mobile*, composé de *solides* et de *fluides*, et de tous les *élémens* modifiés sous diverses formes. Cet édifice présente d'abord la *Charpente* la plus ingénieuse, appropriée à tous les mouvemens et à toutes les inflexions du corps. Cette charpente composée de pièces que nous nommons *os*, est fixée par des ligamens assez forts pour la soutenir, et assez flexibles pour se prêter à tous ses mouvemens ; elle est elle-même composée de manière à contenir une *moële*, dont le suc huileux se communique dans chacune des pièces, pour les humecter et les nourrir. Viennent ensuite les *nerfs*, qui partent du cerveau, traversent et environnent cette charpente dans tout son ensemble, pour lui donner la force, le soutien et l'action. La partie *supérieure* du corps contient le *Cerveau*, première partie noble, où viennent aboutir tous les organes des sens, d'où part toute l'activité des nerfs, et qui paraît être le siège exclusif de l'intelligence et de la pensée; elle éprouve le même mouvement de dilatation et de compression que le cœur, et conséquemment est affectée des mêmes sentimens.

La partie *intermédiaire* du corps présente quatre principaux *Viscères* qui sont, dans la partie supérieure, le *cœur* et les *poumons*, et dans la partie inférieure, le *foie* et la *rate*.

Le *Cœur* est, après le cerveau, la seconde partie noble; c'est un viscère musculeux qui reçoit le sang de toutes les parties du corps par les veines, et le renvoie par les artères; ce qui forme le mouvement de dilatation et de compression que les gens de l'art ont nommé *sistole* et *diastole* : ce viscère, en outre, a sa communication avec le cerveau, par les nerfs, et paraît être le principe de la vie et du sentiment.

Le *Poumon* est un viscère spongieux, qui sert à l'aspiration et à la respiration, et c'est par son moyen que l'air se communique dans le corps, pour imprimer le mouvement à toute la machine par l'activité que le sang en reçoit dans son action.

Le *Foie* est un viscère à travers, lequel se purifie la masse du sang, et par lequel se fait la secrétion de la bile ou sa séparation d'avec le sang.

Enfin la *Rate* est un autre viscère qui sert à rendre plus fluide le sang qui doit fournir la matière de la bile.

L'intervalle qui se trouve entre ces quatre principaux viscères est ensuite rempli, savoir : dans la partie supérieure, par l'*estomac*, dans la partie moyenne, par les *intestins*, et, dans la partie inférieure, par les *parties génitales*.

L'*Estomack* est le foïer chimique où se fait le départ de toutes les matières nutritives qui entrent dans le corps, et c'est à cet alambic naturel, que se distillent tous les fluides qui servent d'entretien ou d'aliment au Corps humain.

Les *Intestins* sont les viscères qui servent à digérer, purifier, distribuer ces mêmes fluides, et à expulser le résidu de cette distillation que nous nommons *excrémens*.

Les Parties de la *Génération*, sont celles qui contiennent les germes créateurs et réproductifs de notre être, ainsi que les facultés génératives, soit de l'homme soit de la femme.

Toutes

Toutes ces différentes parties dont les fonctions sont essentiellement distinctes, sont traversées, d'une extrémité du corps à l'autre, par des *artères*, des *veines* et des vaisseaux *limphatiques.*

Les *Artères* reçoivent, directement du cœur, le sang, pour le distribuer à toutes les veines qui doivent le reporter de suite au cœur ; ce qui forme un mouvement perpétuel de circulation de la tête aux pieds.

Les *Veines* reçoivent, des artères, tout le sang qu'elles ont porté dans les différentes parties du corps, pour le reporter au cœur, qui, de suite, doit le rendre aux artères.

Les Vaisseaux *limphatiques* sont ceux qui vont rejoindre les vaisseaux sanguins, pour confondre la limphe avec les autres fluides.

A la suite des *solides* que je viens de décrire, viennent les *fluides*, savoir : le *sang*, la *bile*, le *chile* et la *limphe.*

Le *Sang* est une liqueur rouge, composée de beaucoup de parties volatiles et inflammables, qui alimente et vivifie toutes les parties du corps.

La *Bile* est une humeur amère qui passe par le

foie, se sépare d'avec le sang qui l'a fournie, elle se distingue en bile *jaune* et *noire*.

Le *Chile* est un suc, volatil et salé, qui résulte des alimens, et se porte au cœur, pour se mêler avec le sang.

La *Limphe* est une humeur aqueuse, limpide et douce, qui se mêle aux autres fluides, pour en modérer l'activité.

Après toutes les parties qui précèdent, viennent les *chairs*, les *muscles* et la *peau*.

Les *Chairs*, sont des parties molles et sanguines, qui servent à remplir les interstices de l'édifice et en forment les murailles.

Les *Muscles*, sont des parties fibreuses et flexibles, qui enveloppent les chairs et les soutiennent; ils sont traversés par les nerfs dont ils reçoivent le mouvement.

Enfin, la *Peau* est l'envelope générale, et l'enduit qui recouvre tout l'édifice, pour le garantir des impressions et des accidens extérieurs.

Telle est, en abrégé, l'Anatomie du corps humain, et ce qui constitue l'économie animale; d'où il paraît résulter que ce qui domine le plus essentiellement sur le jeu de cette machine, ce sont les parties volatiles et inflammables qui entrent dans sa composition, et qu'en général, nos affections et nos passions dépendent absolument des fluides que j'ai décrits, mais bien plus encore, de leur amalgame et des doses proportionnelles de chacun de ces mêmes fluides.

Maintenant, le Corps est doué de cinq *Sens* spécifiques, qui sont la *vue*, l'*ouie*, le *goût*, l'*odorat* et le *tact*; et chacun de ces sens, est l'effet d'un mécanisme qui lui est particulier.

Ce même Corps est enfin partagé du don de l'*Intelligence*, d'où résulte la *Mémoire*; et de la *Parole*, qui est le principe du *Langage*; mais ces facultés qui tiennent, pour le jeu mécanique des ressorts qui y coopèrent, à la composition du corps humain, tiennent en outre, à un principe invisible et immatériel, pour ce qui concerne la partie intellectuelle.

C'est, d'après cette composition du Corps humain, que l'homme est doué de différentes passions et de différentes affections absolument contraires; telles sont la gaité, la *tristesse*; l'amour, l'*indifférence*; l'amitié, la *haine*; l'intempérance, la *sobriété*; l'esprit, la *stupidité*; l'emportement, la *modération*: le desir, l'*insouciance*, et ainsi de suite de sorte que chaque *vertu* trouve son contrepoid dans un *vice* opposé, chaque *vice* un antidote dans une vertu *contraire*.

Dans la description que je viens d'entreprendre, on verra facilement que j'ai traité la matière, plutôt en *Phisiologiste* qu'en *Anatomiste*, car j'aurais pu m'étendre beaucoup davantage ; mais je n'ai du m'attacher qu'au point essentiel, d'où doivent dériver les conséquences qui me restent à déduire.

On vient de voir, par ce qui précède, que la composition générale du Corps humain consiste, comme je l'ai dit, dans la réunion des élémens de la nature, modifiés sous différentes formes. Son organisation consiste dans le jeu des différens ressorts composés de nerfs et de muscles ; et ses passions sont le résultat absolu des fluides, dont l'influence donne plus ou moins d'action aux ressorts qui font mouvoir toute la machine.

Quant aux Femmes, leur composition est presque absolument la même que celle de l'homme, si ce n'est que la poitrine est couverte de deux *mamelles* destinées à l'allaîtement des enfans ; qu'elles ont de plus, des vaisseaux *lactés*, destinés à y porter le lait nécessaire, et que l'estomac, dans la division des sucs nutritifs et des fluides, doit encore extraire, en outre, les parties *laiteuses* qui doivent se porter aux mamelles ; elles ont enfin de plus que les hommes, des organes nécessaires à la *procréation* des enfans, et à la *végétation* du fétus, un mécanisme particulier, pour en opérer la sortie, et des vaisseaux destinés aux évacuations périodiques.

Quant à l'organisation, le mécanisme est absolument le même ; mais il y à chez elles plus de délicatesse dans les fibres, plus de souplesse dans les muscles, plus d'agilité, de flexibilité, d'irritabilité dans les nerfs ; raison pour laquelle il existe en elles, une sensibilité plus grande et des passions beaucoup plus actives que chez les hommes.

De ce qui précède, il résulte que l'Homme ou la Femme, bien conformés et bien proportionnés dans leur taille, doivent être doués d'une phisionomie agréable, d'un caractère doux et de passions très-modérées, parcequ'il doit exister un équilibre parfaitement proportionnel entre les fluides et les solides, les uns respectivement à l'égard des autres ; mais, d'après ce qu'on vient de voir, il est sensible que cet équilibre ne peut être dérangé, sans jetter le trouble dans l'organisation générale, par la raison qu'une quantité proportionnelle de fluides, doit entrer dans la composition d'un corps, suivant ses dimensions ; or, je suppose qu'elle doive former une masse de vingt livres, dans laquelle devront entrer, par juste proportion, dix livres de sang; cinq livres de limphe, trois livres de chile et deux livres de bile. Si ces proportions sont dérangées, et qu'il se trouve une livre de plus d'un fluide, une livre de moins d'un autre, alors nécessairement, il doit s'en suivre un résultat différent; de là, doit naître la différence des passions et des affections.

Mais il faut observer encore qne la composition de nos corps, quant à la répartition des fluides, doit être différente, suivant les climats : car les hommes du Nord ne peuvent pas être composés comme ceux du Midi, parce que la différence de température agit diversement sur les corps, et exige une composition analogue.

De cette observation, il doit suivre que les hommes du *nord* et ceux du *midi*, ne se ressemblent ni quant à la taille, ni quant à la forme extérieure, ni quant aux passions, ni quant au caractère, ni quant au langage; et dans le fait, ceux du *nord* sont grands, robustes, flegmatiques, lents et réfléchis; ceux du *midi* sont de taille moïenne, actifs, pétulens, étourdis et peu propres à la fatigue.

Enfin, une dernière observation, c'est que les fluides sont, eux-mêmes, composés de parties flegmatiques, huileuses subtiles, huileuses épaisses, salines et terreuses; telle est entr'autre la composition du sang : mais analisez séparément une égale quantité de sang humain, extrait de deux personnes différentes, vous trouverez rarement les mêmes résultats dans les doses de chaque partie qui le composent; et si vous faites la même épreuve sur le sang d'un *brun* et sur celui d'un *roux*, vous y trouverez nécessairement une différence énorme, parce que les tempéramens diffèrent, comme je le dirai tout-à l'heure, suivant les diverses espèces d'hommes.

Les espèces différentes d'hommes, en Europe, se distinguent en *bruns*, *chatains*, *roux* et *blonds*; mais chacune de ces teintes se subdivise encore en *claires* ou *foncées*, et ces nuances variées, caractérisent des tempéramens absolument différens.

Les bruns *foncés* sont d'ordinaire *sanguins* ou *bilieux jaunes*; les premiers sont violens, les autres sont atroces; les bruns *clairs* sont flegmatiques, d'une belle carnation, doux, modérés, et spirituels; les roux *foncés* sont *sanguins* ou *bilieux pales*; les premiers sont cruels, les autres sont vindicatifs et haineux; les roux *clairs*, sont doux, pacifiques, simples, et d'un commerce liant; les chatains *foncés*, procèdent du brun et du roux foncés, et tiennent à ces deux caractères, c'est-à-dire que, dominés par le sang et la bile, ils sont rarement bons ; les châtains clairs tiennent du brun et du roux clairs, et sont ordinairement d'un caractère doux et d'un commerce praticable ; les blonds *foncés* sont modérément *sanguins* ou *livides* ; les premiers sont vifs, ardens et passionnés, les autres sont taciturnes et sournois ; les blonds *clairs* sont doux et d'une constitution faible.

J'ajouterai encore à ce qui précède, que tous ces différens caractères sont également nuancés sur la figure, par une conformation différente, dont je ne m'occuperai pas ; il me suffira d'observer que les visages de coupe triangulaire, avec des yeux ronds, une bouche enfoncée, un nez pointu, présentent le tableau de la phisionomie la plus suspecte ; et ceux qui sont sont tant peu phisionomistes, ne se tromperont jamais sur les rapports certains qui se trouvent entre les figures et les caractères.

C'est, en effet, après avoir examiné pendant plus de vingt-cinq ans les figures des plus grands Criminels, que j'ai remarqué entre les hommes d'une même espèce, les rapports les plus frappans dans la composition de leurs visages : d'où j'ai conclu que l'égalité de configuration, tenait à l'égalité de caractères et de passions, et que les formes du visage, tenaient essentiellement à la nature de nos passions. (*)

(*) Un Anonime qui a traité de l'influence de la *complexion* sur le caractère, a confirmé les principes que l'on vient de voir.

« Les Anciens, dit-il, connaissaient quatre sortes de tem-
» péramens qu'ils distinguaient par les qualifications de
» *sanguin*, de *bilieux*, de *froid* et d'*humide* : ils avaient,
» ainsi que les Modernes, découvert que l'analise des
» corps donnait quatre substances très-distinctes; un *fluide*
» essentiel, le *feu*, la *terre* et l'*eau*; d'où ils avaient con-
» clu que, quand l'un de ces Élémens se trouvait dans un
» individu en quantité *dominante*, il *changeait* ou *mo-*
» *difiait* sa constitution ; en conséquence, selon eux, et
» même selon quelques modernes, des joues colorées et
» fraîches, la peau douce et blanche, des yeux où l'on ap-
» perçoit quelques vaisseaux nuancés d'incarnat et de
» pourpre, une bonne conformation, de la pétulance, an-
» nonçent le tempérament *sanguin*, le meilleur de tous
» pour la santé, mais le moins propre à l'étude : les per-
» sonnes de cette complexion réfléchissent avec peine,
» néanmoins, elles ont de l'esprit naturel : la gaieté est
» leur élément, elles ont de la bonté, jamais d'avarice,
» leurs passions sont rarement extrêmes, elles aiment la
» dissipation, les plaisirs, les jouissances, mais elles en
» usent sobrement.

» Rarement le tempérament *bilieux* s'annonce avant
» l'âge de vingt ans ; les joues colorées d'un rouge vif, l'air

Ainsi, nul doute, d'après ce que je viens de dire, que nos passions tiennent essentiellement à

» plein de feu, la peau moins blanche que pour le tem-
» pérament sanguin, un accent animé, de la vivacité dans
» le geste, des passions fougueuses, beaucoup d'imagina-
» tion, du goût pour les arts, de l'amour pour la gloire,
» des idées grandes et vastes, quelquefois le don du gé-
» nie.... Telles sont les principales qualités qui distinguent
» les personnes de cette complexion; le genre nerveux
» qui, dans tous les individus, est le siége des sensations,
» est chez eux facilement et vivement ébranlé; de-là, l'em-
» portement des passions et les désirs sans bornes. Assez
» ordinairement, l'ambition les dévore, et il n'est pas rare
» de les voir parvenir aux plus grandes choses; c'est dans
» cette constitution que se trouvent les héros, les génies et
» les ambitieux de toute espèce.

» Le tempérament *humide* s'annonce dans le bas âge,
» dans quelques individus, et il en est qui le conservent
» jusqu'à cinquante ans et plus. Des joues pâles, de la
» lenteur dans les mouvemens et dans la parole, de la
» douceur, des passions faibles que l'on pourrait appeler
» des goûts ou des fantaisies, décèlent cette complexion.
» L'absence de ce feu divin que ravit *Promethée*, fait pré-
» férer, aux personnes de ce tempérament, une vie paisible
» aux tourmens de l'ambition.

» Le tempérament *froid* est celui des vieillards, quoi-
» qu'il ne soit pas rare de trouver des individus de 30 ans
» qui l'aïent atteint. Une grande maigreur, la peau sèche,
» un tein basané, une rêverie assez habituelle, une santé

la composition de nos corps, et à la nature, ou plutôt au caractère des fluides qui les animent ; donc elles sont innées en nous, et ne dépendent nullement de nos volontés.

La preuve certaine de cette vérité, c'est que les mêmes personnes ne conservent pas toute leur vie le même *caractère* ni les mêmes *passions* : un rien suffit pour porter le trouble dans l'économie animale et la déranger ; en effet, le refroidissement des fluides en opère la dégradation ; de là, procèdent la morosité, l'imbecillité, quant au *moral*, et la paralisie quant au *phisique* ; l'inflammation des mêmes fluides en opère la fermentation et l'ébullition, d'ou procèdent, au *moral*, la folie et la frénésie, et l'apoplexie sanguine ou bilieuse au *phisique* ; or, de ceci, résulte la conséquence que

» faible, quelquefois de l'irritation, des emportemens même » peu durables, de l'économie poussée jusqu'à la lézine, » des passions vives, mais point énergiques ; en revanche, » des habitudes presque invincibles, l'amour de l'ordre, » de la finesse, de l'adresse, du jugement, distinguent les » personnes de cette constitution. Un sang qui circule avec » peine, des humeurs âcres ; le genre nerveux très irritable, » et un malaise ordinaire leur donnent un caractère sérieux » et difficile, et les rendent susceptibles de toutes les » impressions. » Supplement au JOURNAL DU SOIR, du 18 messidor an 8.

le *moral*, chez l'homme, est impérieusement subordonné au *phisique.*

Ces vérités une fois démontrées, il est évident qu'il ne dépend nullement de nous d'avoir ou de n'avoir point de passions, soit louables soit répréhensibles.

Chaque sens a ses nerfs qui lui sont affectés, chaque passion a un sens auquel elle correspond. La question est de savoir, d'abord, si les sens agissent sur les nerfs ou les nerfs sur les sens; et ensuite, si les passions agissent sur les sens, ou les sens sur les passions; mais, s'il est démontré que les nerfs n'agissent que d'après la qualité plus ou moins active, plus ou moins irritante des fluides dont ils sont imprégnés, il en résultera que l'action des sens, n'étant que secondaire à celle des nerfs, et l'activité des passions secondaire à celle de nos sens, les passions seront subordonnées aux sens, et ceux-ci nécessairement aux nerfs; ce qui confirmera, de plus en plus, la vérité, que les passions et les affections qui forment la base essentielle de nos caractères et de nos tempéramens, ne dépendent en aucune manière de notre volonté. C'est donc une raison bien essentielle de tempérer, autant que le salut public l'exige, la sévérité des peines, et c'est pourquoi je me suis vu forcé d'entrer dans tous les détails abstraits qui précédent. Il m'a paru que l'homme etait déja trop malheureux de se voir asservi malgré lui, à l'effort des passions, sans chercher à le punir encore d'une manière trop sévère, des conséquences d'un principe vicieux, qui tenait à sa constitution et nullement à sa volonté.

Les seules armes que l'homme puisse opposer au torrent et à l'impétuosité de ses passions ou affections, ne sont que la *réflexion* et la *raison* ; mais est-il toujours le maître de leur opposer ce bouclier avec succès ? Il est constant que les parties salines, volatiles et inflammables, forment la base principale du mouvemet mécanique de notre existence, parce qu'elles donnent le jeu et l'activité à tous les ressorts qui composent cette belle machine ; mais, si la partie limphatique fade, est prédominante, tout le jeu des ressorts est annéanti, toutes les passions sont amorties, et l'homme reste dans un état d'*imbecillité* : si la partie volatile l'emporte, le jeu des ressorts se trouve dérangé par une trop grande activité ; dès-lors, l'homme tombe dans un état de *folie* ; si, enfin, la partie inflammable a le dessus, alors, elle jette le désordre le plus absolu sur l'organisation générale, et l'homme tombe dans l'état de *frénésie* et de *fureur* le plus caractérisé. Je demande donc, si l'homme dans ces sortes de cas, peut opposer avec succès les forces de la réflexion et de la raison? non sans doute. Il est donc des cas où ces deux préservatifs sont absolument sans effet; et c'est ce que je voulais démontrer.

L'*Education* seule, et c'est le mot, peut devènir un frein solide contre l'effervescence des passions. L'homme instruit, qui connait leur effet, leurs conséquences, et les suites funestes qu'elles traînent après elles, réfléchit sur leur danger, et leur oppose sans cesse les moïens que ses lumières, sa raison et son amour-propre peuvent lui suggérer. L'homme sans éducation n'a pas la même ressource, aussi voit-on beaucoup plus de Criminels dans la seconde classe que dans la première.

De tout ce qui précède, il faut donc déduire ces deux conséquences, la première, que l'homme n'est phisiquement ni moralement le maître, soit de ses affections, soit de ses penchans, parce que les unes et les autres sont subordonnés à la composition et à l'organisation de son être : la seconde, qu'il n'est moralement le maître, ni de ses volontés ni de ses actions, qu'avec le secours de sa raison, parce qu'elles ne sont que la suite de ses affections et de ses penchans qui sont la conséquence de sa composition et de son organisation.

Il demeure également pour constant, qu'il ne peut opposer aux passions qui le dominent, que sa réflexion et sa raison, dont encore il n'est pas toujours le maître, et que ce qu'il peut leur opposer avec plus de succès, est l'éducation, qui sert à perfectionner la raison.

On m'objectera, peut-être, que, si les actions bonnes ou mauvaises de l'homme sont la conséquence de son organisation, dès-lors, on ne peut ni le considérer comme coupable, ni le punir comme tel. A cet égard, on aurait parfaitement raison, si j'avais adopté le sistême du Fatalisme, dont je suis fort éloigné. Je suis bien persuadé que l'ordre des choses est immuable, et que les évènemens qui se succédent, tiennent à une chaîne éternelle, parce que les évènemens successifs ne sont que la conséquence de ceux qui les ont précédés : je crois bien aussi, que le résultat des évènemens successifs est déterminé de toute éternité : mais je penseque ces résultats sont le secret impénétrable de l'Être-suprême, dont la prescience éternelle doit lui faire connaître à la fois, le passé, le présent et l'avenir.

Cependant, il n'est pas moins vrai que l'homme est le maître absolu de ses actions et de ses volontés, et qu'il jouit de la plénitude du libre arbitre, toutes les fois qu'il jouit de sa raison ; mais s'il laisse un libre cours à ses passions, dès-lors il cesse d'avoir une volonté ; s'il n'appelle point sa raison à son secours, nécessairement il devient coupable. Tout homme a le principe universel et inné de la justice, *ne point faire aux autres ce que nous ne voudrions pas qu'on nous fît.* Or, si l'homme a forcément la connaissance du *juste* et de l'*injuste*, et s'il est le maître de ses volontés, dès-lors il est coupable, toutes les fois qu'il enfreint ce principe général.

En effet, si l'homme n'avait pas une volonté qu'il put diriger par sa raison, aucune de ses actions ne serait répréhensible, et l'on ne pourrait sans une suprême injustice, punir un individu, parce qu'il est plus mal organisé qu'un autre. Ce ne sont ni ses passions ni ses affections que j'entens punir, c'est l'infraction volontaire qu'il a faite au droit naturel, et c'est la négligence qu'il apporte à régler ses volontés, d'après sa raison ; c'est aussi pourquoi l'homme dont la raison est aliénée, ne peut être responsable d'aucune de ses actions, ni conséquemment coupable ; et c'est aussi par cette raison, que l'homme dont la volonté peut se déterminer, et qui ne la dirige que vers le mal, doit

être

être sévèrement puni ; ce que l'on ne pourrait faire sans cruauté, si l'on admetait un Fatalisme déterminé.

C'est, d'aprés ces observations essentielles, et qui doivent servir de base à la Législation criminelle, qu'il s'agit d'aprécier les *Crimes* et les *Délits*, et d'y proportionner les *Peines* ; mais il convient encore auparavant, d'analiser et d'aprecier les *affections* et les *passions* dont les hommes peuvent être doués.

Les passions et les affections se distinguent en général, en honêtes et honteuses ; les unes partent de l'ame et règlent la nature des sentimens: les autres, au contraire, sont celles qui partent des sens, et sont réglées par les sensations.

Les affections nobles sont, l'*amour*, l'*amitié*, la *reconnaissance*, la *modération*, la *générosité* : les affections basses sont, la *haine*. la *colère*, l'*ingratitude* et l'*avarice* ; celles-ci ne procèdent que de l'ame.

Les affections nobles qui procèdent des sens, sont, la *sagesse*, la *tempérance* et l'*activité* ; les affections opposées sont, la *débauche*, la *gourmandise* et la *paresse* ; ces dernières forment, à peu près, le germe tous les Crimes.

Mais, en général, de toutes les passions ou

affections que je viens de citer, résultent d'autres affections secondaires qui ne sont que les ramifications de celles-ci.

Tels sont les principes élémentaires de la Législation criminelle, dont je ferai l'application successive, dans la discussion des Délits et des Peines.

Mais avant tout, il faut encore déterminer ce qu'on doit entendre par *Crimes* et *Délits*. A cet égard, d'abord, tout Crime est nécessairement un *délit*; mais un Délit, proprement dit, n'est pas *Crime*; et c'est, précisément, la gradation qu'il convient d'observer dans le classement des actions soumises au jugement des Tribunaux criminels.

Je crois en conséquence, que les *Crimes* proprement dits, sont indiqués par la Loi divine ou par la Nature; les *Délits* au contraire, ne le sont que par les lois émanées du Pacte social. D'après cela, les Crimes sont des actions, ou contre l'Être suprême, ou contre la Nature; tels sont l'*irréligion* et le *sacrilège*, dans le premier cas; l'*assassinat* et le *viol*, dans le second; les *Délits*, sont des actions qui ne contrarient pas formellement les lois de la Nature, mais qui enfraignent celles du Pacte social; tels sont le *vol*, l'*adultère*, etc. Et c'est, d'après ces distinctions essentielles, que doivent être classées les punitions à infliger : mais il faut que ces punitions elles-mêmes, ne contrarient ni les lois divines ni celles de la nature, ni l'intérêt social ; sans quoi, les Peines seraient aussi répréhensibles que les Délits, et ce serait venger un crime par un autre.

De cette observation, doit naturellement résulter la question sur la nature des Peines, et particulièrement sur celle de *Mort*, afin de décider si elle doit être adoptée ou rejettée du nombre de celles à prononcer. Mais, pour résoudre cette question, il faut, avant tout, décider, 1°. si cette Peine est *utile*, 2°. si elle est *légale*.

Quant à la première question, pour qu'une Peine soit *utile*, il faut ou qu'elle serve d'exemple, ou qu'elle profite à la société générale. Quant à l'exemple, ce serait s'abandonner à l'erreur la plus grossière de croire que la *mort* puisse devenir le frein du crime et le prévenir : en effet, la meilleure preuve que l'on puisse donner du contraire, c'est que, depuis que cette peine existe, et depuis que les coupables sont biens certains du sort qui les menace, les crimes n'en ont pas été moins fréquens ; d'où il faut conclure que la peine de mort ne peut servir ni d'exemple ni de frein.

D'ailleurs, quels sont les individus qui se font du Crime une profession décidée ? Ce sont des hommes dénués de religion, de mœurs et de toute espèce de sentiment ; qui ne connaissent ni la crainte ni la honte, ni l'honneur ni le remord ; des hommes enfin, qui décidés sur l'avenir, ne voient dans leur conduite criminelle, que l'impunité, si on l'ignore, ou que le suplice, si on la découvre ; et qui, se berçant du premier espoir, de préférence, s'étourdissent volontiers sur les suites de la seconde chance. Que tous ceux qui, comme moi, ont été à même de voir des Criminels incarcérés et prêts à subir leur jugement, soient de bonne foi, ils conviendront, tous, qu'au lieu de se repentir de leurs crimes et de frémir à l'approche de leur suplice, ils voïaient leur sort avec une tranquilité stoïque, et ne considéraient le moment de leur suplice que comme un *mauvais quart d'heure* à passer ; tel est le langage que j'ai entendu tenir aux Criminels. Or, d'après leurs principes, il est évident que la mort et les tourmens qui la précèdent, n'avaient rien d'effraïant pour eux ; donc cette peine n'était d'aucune utilité pour l'exemple, puisqu'elle n'était pas capable de prévenir l'effet des passions criminelles. J'ajouterai même plus encore, c'est que le nombre d'individus, condamnés à une peine perpétuelle, telle que la réclusion ou les galères, auraient souvent préféré la mort, s'ils en avaient eu le choix ; d'où

Il faut conclure que la Peine de Mort, n'est pas, à beaucoup près, la plus forte ni la plus sensible que l'on puisse infliger.

Quant à l'avantage que la société peut retirer de la Peine de Mort, je n'en vois qu'un seul, celui d'être délivrée de Criminels qui, dans le cours d'une plus longue existence, livreraient la Société générale à de plus nombreux dangers; mais, au surplus, ce n'est point ce qu'on peut appeler un résultat profitable. D'ailleurs, il y a long-tems qu'on a dit qu'un *roué*, qu'un *pendu* n'étaient bons à rien, et l'on a eu très-grande raison. Ainsi, sous aucun rapport, on ne peut dire que la peine de mort soit utile à la société; le seul avantage qu'elle paraît présenter, c'est celui de diminuer le nombre des scélérats; mais, il est également possible d'opérer le même effet par des résultats plus avantageux, et plus conformes aux véritables principes de la Justice.

Quant à la seconde question, celle de savoir si la Peine de Mort est *légale*, la décision n'en sera pas difficile.

Il paraît, d'après tous les Monumens de l'Histoire, que ce genre de peine a, dans les tems les plus reculés, été le plus en usage dans tous les païs habités; tellement que, dans de certaines époques des premiers âges, on ne semblait mettre aucun prix à l'existence humaine; et en effet, les guerres et les massacres multipliés en font foi. Mais, la cause de tant de crimes et de désastres, ne prenait sa source que dans le défaut de Civilisation et de principes.

Cependant, après nombre de siècles, la Législation romaine, rédigée dans les époques les plus civilisées de la république, a consacré le droit de vie et de mort le plus étendu; tellement, même, qu'elle accordait aux Pères ce droit révoltant sur leurs propres Enfans; mais pourquoi? c'est que ce peuple fier, impérieux et despotique, n'était civilisé que dans les formes, et non dans les principes: c'est que le sistême général de sa législation ne reposait que sur les bases de la tirannie; c'est que ce moïen était le seul de soutenir ses usurpations, ses cruautés et ses injustices; la terreur enfin, était son seul rempart contre ses nombreux ennemis.

Les différens Peuples, qui, depuis, se sont élevés sur les débris de l'Empire Romain, en ont adopté les lois, par habitude, sans en examiner le principe, et sans en calculer les conséquences; de sorte que cette législation barbare s'est successivement propagée d'une extrêmité de l'Europe à l'autre, et qu'elle en a même outre passé les limites.

Mais, un abus n'est pas un droit, ce n'est qu'une violation ; une loi n'est point un principe, ce n'en est que la conséquence. Le véritable principe, le seul que les Lois divine et naturelle, et que la raison et la philosophie puissent consacrer, c'est qu'à nulle Autorité sur terre, à nul individu quelconque, ne peut et ne doit appartenir le droit anti-naturel de vie et de mort, sur aucun homme. Car, pour jouir d'un pareil droit, il faut le tenir de l'Autorité supérieure à laquelle il appartient, parce qu'on ne peut s'attribuer un droit à soi-même. Or, il faudrait tenir celui-ci de l'Auteur même de nos jours, ou de la Loi naturelle; et, certainement, une pareille concession n'existe en faveur de personne. Mais, dira-t-on, ce droit a été consacré par les Lois sociales; soit, mais ce sont des hommes qui ont rédigé ces lois, et quel droit avaient-ils de conférer celui qu'ils n'avaient point eux-mêmes : ce ne sont que des brigands, qui ont accordé des brevets d'Assassins, ou de Bourreaux privilégiés. Or, si personne n'a reçu, des mains de l'Auteur de la nature, le droit de détruire son plus bel ouvrage, il s'en suit que personne n'a pu le transmettre à un tiers ; que ce droit est l'usurpation la plus audacieuse et la plus criminelle envers l'Être-Suprême, envers la Nature, enfin envers l'ordre social et l'humanité : je dis plus, les Législateurs qui ont établi la Peine de Mort, les Juges qui l'infligent, les Bourreaux qui l'exécutent, ne sont que des Assassins rangés sur la même ligne : telle est mon opinion à cet égard.

Et vous, Souverains de l'Univers! vous, qu'une perpétuelle adulation environne, que d'anciens préjugés aveuglent, que d'anciens usages assoupissent, que d'anciennes Lois trompent chaque jour, je rens hommage aux sentimens d'humanité dont je vous crois pénétrés; mais, vous dormez paisiblement sur le Crime, lorsque vous croïez ne reposer que sur la Justice. Réveillez-vous, calculez de combien de forfaits on vous couvre chaque jour, et bientôt la Peine de Mort disparaitra.

Mais, diront les gens à vieilles habitudes, *celui qui tue, est digne de mort*; c'est la loi du Talion : oui, mais c'est une loï criminelle : *celui qui fait mal, mérite punition*; voilà le vrai principe, le seul que l'on doive adopter, et non celui de punir un crime par un autre.

Je sens que je révolterai contre moï tous les Criminalistes, dont j'efface, d'un trait de plume, les pénibles et cruels travaux ; mais il vaut mieux sacrifier des volumes, que des hommes ; d'ailleurs, un Jurisconsulte, n'est ni la Divinité, ni la Nature, ni la Justice, ni la Loi, ni la Raison, ni la Philosophie ; et ces principes sacrés auxquels je rends hommage, doivent passer avant les plus savans Criminalistes.

Mais, si la Peine de Mort cesse d'exister, il faut, pour la justice, et pour le maintien du bon ordre, qu'elle soit remplacée par une autre ; c'est une vérité dont je conviens : mais il faut aussi, d'après les principes que j'ai posés, que d'autres peines soient tout à la fois *justes*, *légales*, *exemplaires et profitables* ; et c'est encore ce dont je conviens. Pour être *justes*, elles doivent être proportionnées aux Crimes et aux Délits ; pour être *légales*, il faut qu'elles soient établies par une Loi spéciale ; pour être *exemplaires*, il faut que leur sévérité puisse en imposer au crime ; enfin, pour qu'elles soient *profitables*, il faut que, par leur nature même, elles deviennent utiles à la Société ; c'est aussi le but que je crois avoir atteint dans le choix de celles que je vais proposer.

Les condamnations aux *Travaux publics*, et à la *Détention*, sont les deux seules Peines qui me paraissent devoir être consacrées par la loi ; mais ces peines doivent être graduées dans la proportion des Crimes ou des Délits.

La condamnation aux Travaux, peut être *à vie*, ou *temporaire*, suivant les cas. La première doit remplacer la Peine de Mort, la seconde doit suppléer les autres peines qui doivent être abolies. Mais, dans le nombre des travaux publics, il en est de plus pénibles et de plus dangereux ; ceux-là doivent être réservés aux plus grands Criminels, afin d'épargner les jours de citoïens honnêtes, dont la conservation intéresse toute la société : tels sont les travaux des mines de métaux et de charbons, des carrières de pierres, de marbre, les épuisemens, les dessèchemens de marais et autres; on peut les appeler travaux de *première peine*.

Il en est ensuite de moins pénibles et moins dangereux, tels que le nétoiement des ports, des égoûts, des immondices des villes, des fosses d'aisance et autres, qu'on peut qualifier travaux de *seconde peine*, et qui doivent être infligés *à vie*.

Il en est de fatigans, tels que ceux de la confection des *routes* publiques, et qui doivent être considérés comme travaux de *troisième peine*.

Enfin, il en est d'une dernière espèce, tels que les *défrichemens*, les *fouilles* de toute espèce, les ouvertures de montagnes et autres, que l'on peut regarder comme de *quatrième* ou *moindre peine*; mais ces deux dernières ne doivent être infligées que *temporairement*.

Les condamnations à la *Détention*, ne doivent être graduées que par leur durée ; ainsi, elles peuvent être également infligées, soit *à vie*, soit *à terme*, suivant la nature et la gravité des délits ; mais cette détention doit être accompagnée de travaux utiles, auxquels les détenus doivent être assujettis, sous la direction de Manufacturiers établis dans les prisons mêmes, et qui païeraient une rétribution déterminée, par chaque détenu emploïé aux travaux ; et comme ce genre de punition est purement correctionnel, il faudrait que chaque détenu fut logé séparément, pour éviter la fréquentation entr'eux, et la corruption, dont on a vu tant de funestes exemples, à *l'Hopital général* de Paris, à *Bicêtre*, et dans les dépôts de *Mendicité*. En conséquence, il conviendrait de construire des prisons appropriées à ces usages, de manière à loger les hommes et les femmes, et à faire travailler séparément les deux sexes : et enfin, de disposer les choses de manière, que les détenus ne pussent se voir qu'au travail, où ils seraient constamment surveillés.

J'ajouterai enfin, et c'est par ou je termine ; 1°. que les Condamnés *à vie*, doivent être marqués au front, de deux P, qui signifieraient *peine perpétuelle*, et vêtus d'un habillement mi-parti de deux couleurs ; 2°. que ceux des Condamnés, soit aux travaux publics, soit à la détention, doivent avoir également un costume particulier, et que, dans le cas où ils feraient rébellion et voudraient s'évader, ils doivent être, *par le fait seul*, condamnés à la peine supérieure à celle qu'ils auraient encourue; 3°. que tous les Condamnés, indistinctement, doivent être vêtus, logés et nourris, de manière à ne point blesser l'humanité, d'une part, et de l'autre, à ne point les décourager dans leurs peines, et à leur faire supporter le poids de leurs travaux: 4°. il faudrait que les Condamnés aux deux dernières peines, et à la détention, la subissent, autant que faire se pourrait, dans leur Païs natal; 5°. enfin, il conviendrait que ceux condamnés à une peine temporaire, reçussent par jour, une rétribution qui les encourageât, et les mit à même de ne pas se trouver sans ressource, à l'expiration du terme de leur punition.

Maintenant, je demande, de bonne foi, aux partisans de la Peine de Mort, si celles que je propose ne sont pas mille fois plus dures et plus exemplaires: et voici sur quoi j'établis mon calcul à cet égard.

La plupart des crimes prennent naissance dans la *paresse*, l'amour de *l'oisiveté*, la *gourmandise*, le gout de la *débauche*, ou la *vanité*. Or, il en est du mal moral comme des maux phisiques, auxquels il faut opposer l'effet contraire, pour en obtenir la guérison.

Dans cette hipothèse, celui qui assassine et qui vole, pour jouir, à son aise, sans travailler, pour satisfaire son intempérance, pour se livrer à toutes ses passions, en un mot, pour se procurer, sans peine, toutes les jouissances, peut-il être plus durement puni, que par la peine inséparable du travail, et par les privations de tous genres, suite de sa punition ? Celui que les lois antérieures auraient condamné à l'un des supplices qui entraînaient la peine de mort, peut-il être aussi sévèrement puni par des douleurs momentanées, et par la cessation de son existence, que par une vie prolongée dans des douleurs perpétuelles, par des travaux pénibles et dégoutans, sans autre espoir d'y voir une fin, que par le terme de ses jours ? Que chacun se fasse le tableau de ces deux peines, et les plus attachés à la vie, voteront certainement de préférence pour la mort.

Enfin, ceux qui ont encouru des peines temporaires, et qui sont condamnés à des travaux visibles, peuvent-ils être plus sensiblement punis, que de subir leur peine au sein de leurs parens et de leurs connaissances, et dans le lieu souvent qui les aura vu naître? si l'on suppose dans les coupables quelques sentimens d'amour-propre, on doit juger de la dureté de leur situation.

Mais, voici maintenant les plus grands avantages des Peines que je propose, c'est que 1°. elles ne blessent ni la Divinité ni la Raison; 2°. Qu'elles sont conformes aux lois de la nature et du pacte social; 3°. Qu'elles détruiront la fatale indulgence de ceux qui craignent de livrer un coupable à la Justice, à cause de la Peine de Mort, qui souvent doit être la punition de son crime; 4°. Que les Juges, quelquefois effraïés par l'idée d'une condamnation à mort, et qui, par cette raison, adoucissent autant qu'il est en leur pouvoir, la peine à prononcer, n'hésiteront plus désormais sur celle déterminée pour chaque espèce de Crime ou de Délit; 5°. Enfin, qu'en supposant un Jugement d'erreur, dont le Juge le plus intègre et le plus éclairé ne peut être à l'abri, mais qui devient irréparable, dans le cas de Peine de Mort, on sera toujours à même de revenir contre les Jugemens prononcés, et de rendre la vie, l'honneur et la liberté, à celui qui, par des circonstances impénétrables, aurait été la victime d'une condamnation injuste.

Si l'on m'observe que les Peines que je propose sont infiniment rigoureuses, j'en conviendrai; mais à mon tour, j'observerai que, la crainte d'en devenir l'objet, préviendra beaucoup de crimes, et c'est mon but.

Mais, il est un moïen, peut-être aussi sûr, de les prévenir, c'est d'avoir de bonnes Lois, une Police bien active, et de réduire, par ce moïen, les mal-intentionnés, à l'impuissance de se rendre coupables : il doit être en effet bien plus doux pour un Législateur d'emploïer les moïens de prévenir le crime, que d'être réduit à la nécessité de le punir ; prévenez les occasions de le commettre, et vous serez dispensé de le réprimer.

Les considérations réunies, qui précèdent, doivent donc militer impérieusement en faveur des Peines que je substitue à celle de Mort, et à toutes celles existantes, et je vais en faire la base de la Législation, qui va suivre.

Maintenant, cette Législation doit se diviser en Code *criminel* et Code *pénal* : le premier, doit contenir la composition des Tribunaux, la manière d'instruire le Procès des Accusés, et les formes à observer pour parvenir au Jugement. Le second, doit offrir la nomenclature des *Crimes* et des *Délits*, les spécifier, les définir, et déterminer le genre de Peine que les Tribunaux doivent appliquer à chacun d'eux : c'est d'après ces divisions, que je vais essaïer de remplir le but que je me suis proposé.

Fin du second Discours.

FAUVELLE, imprimeur des Tribunaux, place circulaire du Palais de Justice.

DISCOURS
SUR
L'AUTORITÉ PATERNELLE
ET
LE DEVOIR FILIAL.

DISCOURS
SUR
L'AUTORITÉ PATERNELLE
ET
LE DEVOIR FILIAL,

CONSIDÉRÉS d'après la Nature, *la* Civilisation, *et le* Pacte social.

» Pro peccato magno paulum supplicii satis est patri ».

TÉRENC. AND. CHREMÈS.

Par M. GROUBER DE GROUBENTALL, *Homme de Loi, Notable - Adjoint de la Section de l'Hôtel-de-Ville.*

A PARIS,

Chez l'AUTEUR, Rue Geoffroi-l'Asnier, n°. 37.

1791.

AVERTISSEMENT.

L'ACADÉMIE de Berlin proposa en 1787 un prix qui devait être décerné le 24 Janvier 1788, sur la question de savoir « quelles étaient, *dans l'état de Na-* » *ture*, les *Fondemens* et les *Bornes* de » l'Autorité des Parens sur leurs Enfans ; » s'il existait une différence entre les » *droits* du *Pere* et ceux de la *Mere*, et » jusqu'à quel point les *Loix* pouvaient » *étendre* ou *limiter* cette Autorité ». Cette question me parut si intéressante, que, malgré les travaux politiques très-pressans dont j'étais alors chargé par l'Administration, je ne pus me refuser de concourir.

J'eus à peine le tems d'ébaucher la question pour pouvoir arriver à tems, et malgré les mesures que j'avais prises, l'inexactitude du service des Postes étrangeres ne fit arriver mon manuscrit à Berlin qu'après la clôture du concours ; de sorte que je me vis déchu de tout espoir, et, de ce moment, j'oubliai mon ouvrage.

Ce manuscrit, que je n'avais pas revu depuis plus de trois ans, vient de me tomber sous la main; je l'ai relu, et j'y ai trouvé tant de rapport et d'affinité avec le Décret sur les *Droits de l'Homme*, dont il pourrait être la suite et le complément, que j'ai cru devoir le rendre public dans le moment sur-tout où l'*Assemblée Nationale* s'occupe des Successions en ligne directe.

Malgré la précipitation avec laquelle j'ai composé cet Ouvrage, et dont mes Lecteurs s'appercevront aisément, j'ai cru devoir le donner tel que je l'ai composé dans le tems, pour ne point défigurer le cadre sous lequel j'avais alors rassemblé mes premieres idées : je desire que l'on puisse y trouver quelques vues utiles, et j'aurai du moins rempli le premier but que j'avais en m'occupant de cette discussion.

DISCOURS
SUR LA QUESTION
PROPOSÉE
PAR L'ACADÉMIE DE BERLIN

» *Quelles sont, dans l'état de* nature, *les*
» Fondemens *et les* Bornes *de l'Autorité des*
» *Parens sur leurs Enfans ? Y a-t-il de la*
» *différence entre les droits du* Pere *et ceux*
» *de la* Mere ? *Jusqu'à quel point les Loix*
» *peuvent-elles* étendre *ou* limiter *cette*
» *Autorité ?*

LA question proposée, simple dans son apperçu, difficile dans sa solution, présente dans ses résultats les conséquences les plus intéressantes pour la société ; mais pour la résoudre d'une maniere satisfaisante, il faut l'examiner d'après la *Nature*, la *Civilisation* et le *Pacte social* : c'est d'après cet examen qu'il sera possible de déterminer quel dégré d'Autorité le Pere ou la Mere peuvent et doivent avoir sur leurs enfans, et jusqu'où les loix peuvent l'étendre ou la restreindre : mais de cette discussion, doit naître aussi la question de savoir quels sont respectivement les devoirs des *Parens* et des *Enfans*, les uns envers les autres, et quelles peuvent être les bornes légitimes du respect et de l'obéissance que les Enfans doivent à leurs Parens.

PREMIERE SECTION.

De l'Autorité des Parens sur les Enfans dans l'état de Nature.

Si nous considérons les Hommes dans l'état de *pure nature*, ils sont nécessairement semblables à tous les autres Animaux : dans cet état, point de loix, point de propriétés, point de successions : dans cet état, mêmes besoins, mêmes desirs ; l'homme ne se rapproche de la femme que par l'impulsion du desir : est-il satisfait, rien ne l'attache plus ; et dans un autre instant de besoin, le premier objet le tentera, mais ne le fixera pas davantage : tels ont été les premiers hommes, tels ont été les sauvages, proprement dits, et il en existe encore de cette espèce.

Dans cet état de brutalité absolue, l'homme ne cherche en toute chose qu'à satisfaire le besoin du moment : il mange ce qu'il trouve, il boit au premier ruisseau, dort au premier endroit, et satisfait ses desirs par-tout où il en éprouve, et par-tout où il peut les remplir : tel est le véritable état de *pure nature* quant à l'Homme.

Quant à la Femme, il est à peu près le même : elle céde aux desirs de l'homme sans choix, sans distinction : elle devient enceinte, accouche, allaite son enfant ; c'est la loi de la nature qui lui est commune avec toutes les autres femelles. Tant que les enfans sont dans l'impuissance de manger, de marcher seuls et de pourvoir à leurs besoins, la mere pourvoit à tout ; elle les protege, les défend : peuvent-ils marcher, ils suivent leur mere, ils apprennent avec elle à chercher de quoi satisfaire leurs besoins : insensiblement, ils arrivent au point de pouvoir le faire par eux-mêmes : de ce moment, ils s'éloignent par dégré de la mere, et finissent par ne plus la voir et par la méconnaître : c'est la véritable image de l'oiseau qui commence par essaïer ses ailes, et qui finit un jour par prendre sa volée.

Tel est, encore une fois, l'état de *pure nature* :

il exclut tout principe, tout raisonnement, toute conséquence : c'est, en un mot, un état de brutalité soumis à la seule loi du besoin et des sens : la seule chose qui, de tout tems, paraît avoir distingué l'Homme de la Brute, c'est l'usage de la parole, et le langage quelconque dont le besoin a encore été l'auteur, et qu'ensuite la réflexion et la raison ont perfectionné.

Dans cet état, le Pere méconnaît absolument ses Enfans, comme tout autre mâle dans la nature méconnaît les siens. Quant à la Mere, elle ne les connaît et ne les chérit que pendant un tems limité ; mais le soin qu'elle en prend, et l'attachement qu'elle leur témoigne, est moins le fruit de la raison que l'ouvrage de la nature.

En effet, il est dans la nature que tout bipede et quadrupede, même quelques volatiles, doivent être alimentés par leur mere jusqu'à certaine époque, c'est-à-dire, jusqu'au moment où l'individu peut se suffire à lui-même. Dans les femelles qui allaitent, il est une autre cause d'attachement ; leur constitution naturelle fait que leurs mamelles se remplissent à mesure que le terme de leur délivrance approche ; et dès qu'il est arrivé, la nature leur fournit avec abondance cette liqueur destinée à la nourriture des individus qu'elles ont mis au jour ; de sorte que, la subsistance qu'elles leur fournissent, est moins l'effet de l'attachement que l'indication de la nature.

Dans cet état, leur santé, leur conservation même, exigent qu'elles allaitent; la nature leur en fait encore un besoin; alors l'individu qui les tète les soulage, elles se l'attachent par cette raison; mais dès que la réproduction du lait commence à diminuer, leur attention et leur attachement pour leur éleve diminuent en même dégré: de sorte que le terme de l'indifférence succede bientôt, et que cet éleve n'est plus à leurs yeux qu'un être absolument étranger: voilà encore le véritable état de *pure nature.*

Or, dans cet état, commun à tous les individus raisonnables et autres, quel genre d'autorité les Parens peuvent-ils avoir sur leurs Enfans, dans l'ordre de la nature? ils n'ont, comme on le voit, aucun motif d'en prétendre. Eh! comment pourraient-ils en avoir sur des Individus qu'ils ne connaissent pas, et que l'état dans lequel ils vivent ne leur permet pas même de connaître?

Peut-être voudrait-on objecter que l'état de *pure nature* est inconciliable avec la prééminence d'un être que l'Auteur de l'Univers a créé lui-même à son image : je n'entreprendrai point la discussion de cette difficulté, je me contenterai d'opposer le fait, par l'existence avouée des sauvages, dont toutes les races ne sont pas encore détruites.

Mais aussi, n'est-ce pas sous l'état de *pure nature* qu'il faut considérer l'Homme, ce n'est point là son cadre le plus favorable : dans cet état, il ne connaît que l'usage des cinq sens dont la nature l'a pourvu ; ses besoins et ses desirs font son unique loi ; le tems et la raison seuls ont pu perfectionner l'ouvrage de la nature, et l'amener au point où nous le voïons aujourd'hui.

Il résulte donc invinciblement de ce qui précede que, dans *l'état de nature*, les Parens n'ont pas plus d'autorité sur leurs Enfans que les autres animaux n'en ont sur leurs petits ; que dans cet état, les Peres ne connaissent pas ne cherchent même pas à connaître leurs enfans, et que ces derniers ne leur doivent précisément que l'existence. A l'égard des Meres, aucun sentiment ne les attache à leurs Enfans, parce que la procréation n'a été chez elles que la suite du besoin, du desir et de la provocation ; le soin qu'elles ont d'allaiter leurs enfans est une impulsion de la nature qui leur fait concevoir qu'elles ont des mamelles et du lait pour les nourrir, et que ce qui sert à cette même nourriture, sert également au soulagement et à la conservation personnelle des meres.

A l'égard des enfans, un instinct, ou pour mieux dire, une impulsion naturelle, les porte indistinctement vers le teton de la mere, ou vers celui d'une étrangere. L'enfant n'a-t-il plus besoin de secours, il oublie dans un instant celle qui lui donna le jour et la subsistance; parvenu au dégré de pouvoir se procurer lui-même ses besoins, il devient étranger à sa mere; et de ce moment, les liens de la nature sont brisés.

Ainsi, sous cet aspect peu flateur pour l'humanité, quelle autorité les Parens pourraient-ils prétendre sur leurs Enfans? à quels devoirs ceux-ci pourraient-ils être tenus envers leurs Parens? L'on sent aisément que, dans un état de *brutalité pure*, ils sont respectivement quittes les uns envers les autres; mais il n'en est pas ainsi dans l'état de *Civilisation*, c'est ce que je vais démontrer.

DEUXIEME SECTION.

De l'origine primitive de l'Autorité des Parens sur les Enfans.

Avant que les premiers fondemens de la *Civilisation* et du *Pacte social* fussent établis, il est plus que probable que chaque femme était celle de tous les hommes, et que chaque homme était le mari de toutes les femmes : il est probable aussi que, de cette confusion générale, dût résulter une population qui devint bientôt assez nombreuse pour que les hommes se rencontrassent fréquemment, et eussent occasion de se rendre mutuellement quelques services; le besoin, sur-tout, dut beaucoup servir à leur rapprochement. La réflexion alors dut leur faire sentir l'utilité de se réunir plusieurs ensemble, soit pour s'entr'aider, soit pour se défendre : cette premiere réunion fut imitée par d'autres hommes, et fit naître la nésité de se faire entendre autrement que par des signes : de-là, sans contredit, l'origine primitive d'un langage quelconque.

Un nombre d'hommes une fois réunis, ils ont choisi, sans doute, une portion quelleconque de terrein pour y fixer leur retraite et servir de point de réunion : les réflexions rapprochées de chacun des membres de ces hordes, leur auront fait sentir la nécessité de cultiver dans le terrein qu'ils s'étoient choisi, les fruits, les légumes, et les autres productions terrestres qui leur étaient nécessaires, et qu'ils étaient obligés auparavant d'aller chercher au hasard : delà les premiers élémens de l'Agriculture.

Chacun alors aura pris dans l'enclave du terrein général la portion qu'il pouvait cultiver et qui lui pouvait être nécessaire : alors, d'errans et vagabonds que ces hommes étaient auparavant, ils sont devenus, en quelque sorte, sédentaires et domiciliés : delà, sans doute aussi, l'origine premiere des Propriétés.

Mais chaque homme sentant le besoin d'une société pour remplir le vœu et satisfaire les besoins indiqués par la nature, s'est associé une ou *plusieurs* femmes : il a reconnu l'utilité dont elles lui pouvaient être pour l'aider dans ses travaux : il a senti ensuite que les enfans dont on le rendait pere lui fourniraient de nouveaux bras pour soulager les siens ou le suppléer au besoin : de ce moment, les Enfans ont été dans le cas de connaître véritablement un Pere et une Mere.

Le concours des réflexions a fait imaginer les moïens de prévenir beaucoup d'incommodités, et de se procurer plusieurs aisances: de-là l'origine de l'Architecture pour se garantir de l'intempérie des saisons ; celle des vêtemens quelconques pour se garantir des impressions de l'air , et successivement de tous les arts qui nous ont été transmis, et qui sont parvenus au dégré de perfection où nous les voïons de nos jours.

Insensiblement l'Homme a reconnu tout le prix et tout l'agrément de la Propriété , par les douceurs de la jouissance : dès-lors, il a tout soumis aux loix de la propriété : il a voulu être le Propriétaire de sa Femme , de ses Enfans et de ses Bestiaux , comme il l'était de son champ : de ce moment, le Contrat social déjà formé , s'est resserré plus étroitement.

Dans la suite , les pere et mere morts , les enfans ont continué de cultiver leur champ en commun , ensuite l'ont partagé pour vivre chacun à leur guise : de-là l'origine des Successions et des Partages : il a résulté delà des Tribus particulieres ; mais ces Tribus ont bientôt éprouvé les désordres de la division, suite des propriétés : l'ambition les a successivement armées les unes contre les autres ; un seul point

point de réunion pouvait les rapprocher, c'était le besoin que les hommes avaient de femmes, parce que, telle Tribu pouvait abonder en hommes et manquer de femmes, et telle autre abonder en femmes et manquer d'hommes ; peut-être imagina-t-on aussi que la politique exigeait pour l'entretien de la paix, d'unir les enfans d'une Tribu avec ceux d'une autre. De-là, sans doute, l'origine des Mariages et des premieres Conventions civiles ; de-là, probablement aussi, les premieres prohibitions qui ont restraint et fixé les degrés de parenté auxquels il serait permis de s'unir dans la suite.

C'est lors de ce premier pas vers la *Civilisation*, que l'amour, jusques-là connu comme simple besoin, est devenu passion. L'habitude que les deux Sexes ont contractée de se voir, de se fréquenter, a fait naître les goûts réciproques ; la conformation des traits, la conformité des goûts, le rapport des caracteres les a développés ; de-là, les inclinations, les passions et les unions ; l'objet aimé devenu cher, tout ce qui pouvait en émaner le devenait aussi : de-là, sans doute, le premier sentiment qui a lié les parens à leurs enfans : de-là, peut-être aussi, la haine que les Parens ont souvent conçue pour eux, lorsque leur passion a dégénéré dans ce dernier sentiment.

Lorsqu'une fois on a eu senti le mérite des propriétés de tout genre, et le plaisir de toutes les jouissances, on a commencé à sentir celui de se reproduire, de créer des Etres semblables à soi; ce sentiment a rendu l'amour plus pur et les unions plus précieuses : on a senti pareillement, que, dans l'état des choses, on ne pouvait plus abandonner aux hazards une Progéniture desirée; on a senti même la douceur de se voir renaître encore dans ses petits Enfans, et plus encore dans les Enfans de ceux-ci. L'on a éprouvé une satisfaction intéressante de se voir entouré de ces Individus, d'en être chéri, soigné; de-là le charme de l'union sociale, qui sans doute a resserré bien plus étroitement encore le Pacte général.

Parvenus à ce dégré de sentiment, les Hommes ont jugé que leurs Enfans devenaient une portion d'eux-mêmes, et devaient les représenter après le terme de leur existence : dès-lors ils ont tout fait pour leur procurer une éducation et des instructions relatives aux tems et aux mœurs d'alors : ils ont tâché d'assurer, d'augmenter le bien-être de ces représentans, et de rendre stable dans leurs mains les propriétés qu'ils devaient leur laisser; de-là l'origine du premier *Code*.

C'est ainsi que, par une longue chaîne de gradations, la Société s'est insensiblement formée, et que les Enfans, abandonnés dans le principe à la nature et à leurs propres forces, ont commencé à connaître, à chérir, à respecter ensuite les Auteurs de leurs jours; de-là s'est insensiblement établie l'autorité des Parens sur les Enfans : maintenant, d'après ce que je viens d'exposer, et d'après l'état présent des choses, de quelle nature peut être cette autorité? c'est ce que je vais développer.

TROISIEME SECTION.

De l'Autorité des Parens *sur leurs* Enfans *dans l'état de* Civilisation.

J'ai vu des Parens, bien ou mal fondés, reprocher à leurs Enfans l'existence que ceux-ci tenaient d'eux; mais la naissance est-elle un bienfait, est-elle un malheur? Ce n'est qu'à la fin de sa carriere que l'on peut juger si *c'était bien la peine de naître* (1). Ainsi, reprocher à un Individu l'existence qu'on lui a donnée sans le savoir, et souvent sans le vouloir, c'est com-

(1) J. B. Rousseau.

mettre une absurdité doublement ridicule ; puisqu'à supposer même l'intention et le pouvoir déterminé des Parens, de créer un être, ce même être n'est jamais en tiers dans le Conseil, ni conséquemment dans l'Intention.

Je pense d'ailleurs qu'assez généralement lorsque les deux Sexes dirigés l'un vers l'autre par la même impulsion, animés par le même desir, se confondent réciproquement l'un dans les bras de l'autre, ils n'ont d'autre intention, d'autre but, d'autre objet que de livrer leurs ames à l'idée de leurs sens, à l'impression du plaisir sans s'occuper du résultat qui peut en être la suite ; et quant même ils pourraient dans cet *acte* purement *phisique*, déterminer et fixer leur intention vers la création d'un être, cette volonté pourrait-elle être efficiente et suffisante pour diriger un mécanisme dont nous avons depuis l'origine du monde ignoré les ressorts, et que probablement nos descendans ignoreront encore jusqu'à la fin des siecles.

Je conviendrai que deux personnes éprises l'une de l'autre, et guidées par une passion réciproquement fondée sur l'estime, sont jalouses de procurer l'existence à un être qui puisse à jamais leur rappeller l'époque de leur bonheur ; mais ces motifs ne donnent point encore une autorité précise aux Parens sur leurs Enfans.

D'autres motifs épurés par la réflexion, la raison et la philosophie, peuvent autoriser la puissance des Parens sur leurs Enfans, et les voici.

1°. Les Enfans sont en général *probablement* issus de ceux qui se disent leurs Peres, et *très-certainement* de celles qui se qualifient leurs Meres; conséquemment ce double sang circule dans leurs veines; ils sont une émanation directe de leurs Parens, une branche de l'arbre; à ce titre, devenu certain d'après les loix du *Pacte-Social*, ils doivent du respect, de l'attachement et de la soumission aux auteurs de leurs jours, parce que ces derniers sont en quelque sorte identifiés avec eux.

2°. Les Enfans nécessairement plus jeunes que leurs Parens, leur doivent encore par cette raison l'hommage de leur respect et de leur déférence, hommage que l'éducation imprime plus fortement encore dans l'ame de la jeunesse, et que la raison fortifie dans un âge plus avancé.

3°. Les Parens dans l'état de Civilisation, prennent un soin continuel de leurs Enfans: d'abord ils veillent à la conservation de leur existence; ils s'occupent ensuite du soin de leur éducation; ils disposent et facilitent leur avancement; ils pourvoïent à leur établissement; ils travaillent, ils amassent pour laisser après eux, à ces Enfans, toutes les jouissances dont ils se sont privés eux-mêmes; enfin, ils leur transmettent et leur assurent en mourant la totalité de leur fortune. Sous ce point de vue, les Enfans doivent incontestablement à leurs Parens, respect, soumission, reconnaissance; sous le même point de vue, les Parens acquierent le droit de gouverner, de commander et de corriger des individus pour lesquels ils font et sacrifient tout; et c'est delà que les Parens tirent leur autorité; tels en sont les véritables fondemens : mais il faut toujours observer qu'elle n'est que relative. Maintenant il s'agit d'examiner quelles doivent être les bornes de cette même autorité.

QUATRIEME SECTION.

Des Bornes *de l'Autorité des Parens sur leurs Enfans.*

L'on a vu que, dans l'état de *Nature*, les [illegible] ne pouvaient exercer ni réclamer aucune sorte d'autorité sur leurs Enfans ; on a pareillement vu que l'autorité paternelle n'avait pour véritable fondement que la *Civilisation* et le *Pacte-Social* ; dès-lors les bornes de cette autorité doivent se mesurer sur son origine.

Les Romains, le plus impérieux de tous les Peuples, accordaient à l'autorité des Parens sur les Enfans, les bornes les plus illimitées ; ceux-ci pouvaient en quelque sorte disposer arbitrairement de la fortune et de la vie de leurs Enfans : nos Loix beaucoup plus douces et plus conformes aux Loix de la saine raison, ont borné le pouvoir des Parens au seul droit de les *deshériter*, même de *substituer* jusqu'à leur Légitime : l'ingratitude, la mauvaise conduite et l'irrévérence des Enfans envers leurs Parens, ont motivé tout à la fois, et nécessité ce genre de punition ; 1o. parce que la succession des Peres et meres n'est point dévolue de droit naturel aux enfans, mais leur écheoit de préférence par suite des conventions déterminées par le *Pacte-Social ;* et ce fait est tellement vrai, que sous l'empire de nombre de Coutumes, les Parens peuvent disposer sans motifs, au préjudice de leurs enfans ; et ces dispositions sont suivies toutes les fois qu'elles ne paraissent point dictées par la passion de la colere, ou par l'aveuglement de la vengeance; 2°. parce que la crainte de cette punition, contient les Enfans dans les bornes du devoir, sert à les rendre circonspects sur leur conduite, et prévient les écarts auxquels ils pourraient s'abandonner, s'ils ne craignaient de perdre les avantages qu'ils peuvent espérer de leur Parens.

Les Parens ont encore le droit de consentir ou de s'opposer aux unions de leurs Enfans, pour les empêcher de contracter des alliances que les Loix du Contrat-Social ont déclaré deshonnorantes ou disproportionnées, telles que celles avec une fille dont les mœurs ou la naissance sont équivoques. Ce droit est une suite du sacrifice que les Parens font de leurs soins et de leur fortune en faveur de leurs enfans; il fallait nécessairement en faveur de ce sacrifice, leur accorder le privilege de choisir ou d'agréer les Sujets qui devaient continuer la postérité à laquelle leur fortune devait être transmise dans l'ordre successif. Mais il faut toujours observer que les droits et l'autorité dont jouissent les Parens, ne sont que l'effet du *Pacte-Social*, et non celui de la *Loi Naturelle*.

Quant aux Délits capitaux que peuvent commettre les Enfans, les Parens, sous l'empire des Loix Romaines, pouvaient en être les Juges, et ces Loix, contraires à la nature ainsi qu'à la raison, pouvaient conduire aux abus les plus pernicieux. Les Loix modernes, en cela beaucoup plus sages, ont reservé aux Législateurs, aux Souverains et aux Tribunaux, le droit de connaître des Délits commis par les Fils de famille, comme de ceux commis par tous les les autres membres de la Société. Les Parens même, c'est-à-dire, les Peres et les Meres ne peuvent être ni Accusateurs, ni Dénonciateurs, ni Témoins en Matiere criminelle contre leurs Enfans; ils ne peuvent même y être forcés, et leur délation ou leur témoignage ne peuvent être admis qu'autant qu'il s'agit d'un Délit qui touche à la sûreté de leurs jours ou à la conservation de leur honneur; les mêmes Loix ont aussi privé les Parens du droit de vie et de mort sur leurs Enfans, parce qu'en matiere capitale, on a jugé qu'il était du plus grand bien de la Société, que la Puissance législatrice et exécutrice, prit seule connaissance des Délits, et prononçât les peines d'une maniere égale, uniforme, proportionnelle et exemplaire.

Ainsi, dans la position actuelle, l'autorité des Parens sur leurs Enfans, n'est qu'une attribution conventionnelle, et un droit consenti par le *Contrat-Social* en faveur des Parens, pour parvenir au plus grand bien et au meilleur ordre de la Société, pour resserrer de plus en plus les liens de l'union, épurer les mœurs, entretenir la paix, assurer les Successions directes, et, par-là, tendre au plus grand bien général. Cette autorité se borne à régir la personne et la fortune des Enfans, à diriger leur éducation, à leur infliger les punitions domestiques suivant l'exigence des cas, à veiller à leur conduite, à leurs mœurs, à leurs inclinations; à réprimer leurs vices, à leur inspirer le goût des vertus; enfin, à leur faire éviter tout penchant vers le mal, et à leur faire contracter l'habitude du bien; tels sont les fondemens et les bornes de l'autorité des Parens sur leurs Enfans, autorité dont l'exercice doit absolument cesser à la majorité des Enfans, sans que cependant on puisse ôter aux Parens le droit de les surveiller et de les conseiller dans tous les tems.

Maintenant peut-il exister de la différence entre l'autorité du *Pere* et celle de la *Mere*, communs? c'est ce qu'il s'agit d'examiner.

CINQUIEME SECTION.

De l'Autorité du Pere *& de la* Mere, *sur les Enfans Communs.*

Peut-il et doit-il exister une différence entre l'Autorité *Paternelle* et l'Autorité *Maternelle*? La solution de cette question délicate dépend encore de la considérer relativement à l'état de *Nature*, ou relativement à l'état de *Civilisation*. Dans l'état de *Nature*, nulle autorité des Parens sur les Enfans, et conséquemment nulle distinction à faire entre celle du Pere ou de la Mere : dans l'état de *Civilisation*, c'est autre chose : si dans ce dernier état il pouvait exister une différence, elle ne pourrait provenir, 1o. que de l'incertitude de la *Paternité* mise en opposition avec la certitude de la *Maternité*; 2o. que de l'influence plus ou moins grande du Pere ou de la Mere dans la *Procréation* de l'Enfant, c'est ce que je vais discuter.

Il est certain, dans l'ordre de la nature et des circonstances, qu'un Enfant peut avoir à la fois un Pere putatif, et un Pere effectif; mais il est également certain qu'il ne peut avoir qu'une seule Mere. Cette différence qui peut existier et qui n'existe que trop, a mis en défaut la Loi, parce que, pour établir cette différence, il faudrait non seulement des preuves positives de l'*Adultere*, mais encore des preuves Phisiques, que l'Enfant est plutôt le fruit de *l'Adultere*, que celui du *Mariage;* et cette preuve, moralement impossible, lorsqu'un mari n'a point cessé de remplir le devoir conjugal, a forcé la Législation de trancher la difficulté d'un seul mot, *le Pere d'un Enfant est celui qu'un Mariage légitime unit avec sa mere* (1); telle est la preuve générale de la paternité, preuve que l'Adultere même ne peut affaiblir ou détruire, qu'autant que l'absence ou une maladie grave du mari, au tems de la conception, démontrent l'impossibilité qu'il soit Pere d'un Enfant.

Dans l'ordre de la *Nature*, la Mere est constamment certaine, parce que l'*Accouchement* est la preuve de la *Maternité :* si, d'après ce principe, on établissait l'Autorité des Parens sur leurs Enfans, il est constant que, de préférence, elle serait dévolue à la Mere, parce que, dans toutes les hipotheses, son enfant serait toujours, et à coup sûr, le fruit de ses entrailles;

---

(1) Pater est quem justæ nuptiæ demonstrant. INSTIT.

mais l'Ordre-Social et la Législation ne permettent d'établir ni différence ni distinction à cet egard.

Quant à la supériorité d'influence du Pere ou de la Mere dans la Procréation d'un Enfant, ce serait encore une distinction très-difficile, pour ne pas dire impossible, à établir. A ne suivre que les Phisiciens et les Naturalistes, l'Homme paraîtrait être le seul Agent efficient de la Procréation, et la Femme, au moment de la conception, n'influerait pas plus que la Terre n'influe sur l'insertion du germe déposé dans son sein : cela pourrait être à la rigueur, en suivant l'uniformité de la Nature dans les différentes Procréations : mais si la Femme ne coopére point à la conception, si elle n'en est que l'instrument passif, au moins est-elle l'instrument très-actif de la végétation du germe créateur qu'elle féconde dans son sein, qu'elle alimente de ses propres sucs, auquel elle communique son propre sang et même jusqu'à ses infirmités, si elle est affectée de quelques-unes sujettes à communication. La Femme, dans tous les cas, est semblable à la Terre, qui, suivant la différence des sucs dont elle est imprégnée, donne aux Plantes qu'elle nourrit une qualité plus ou moins précieuse ; d'où il faudrait conclure que la Femme, sans le secours d'un germe créateur, ne pourrait pas concevoir, et que le germe, sans les sucs nourriciers de la Femme, ne pourrait recevoir ni végétation, ni accroissement, ni existence; d'où il faut décider que, sans le concours absolu de l'Homme et de la Femme, l'un pour la Procréation, l'autre pour la Fécondation, il ne résulterait qu'une stérilité décidée de l'union des deux Sexes.

Or, d'après ce sistême, l'Homme et la Femme influent donc également, mais distinctement et par des procédés différens, à la formation d'un Enfant; et, très-incontestablement, il circule un double sang dans les veines de celui-ci; conséquemment si l'influence quoique distincte est la même, nécessairement l'autorité doit être égale entre les Parens sur les Enfans qu'ils ont procréés.

Mais comme l'intérêt Social a voulu que les Hommes eussent la prépondérance d'autorité dans le maniement de toutes les affaires publiques particulieres et domestiques, et que le bien général a paru exiger que la manutention fût confiée aux Hommes de préférence aux Femmes, par cette raison, l'autorité sur les Enfans a de préférence été confiée aux Peres plutôt qu'aux

Meres, à moins qu'elles ne fussent veuves, parce qu'on a supposé dans les Unions Conjugales, l'uniformité d'intention et de volonté, qui néanmoins existent rarement; et comme le Mari seul est chargé du fardeau et des risques de l'Administration, on l'a revêtu seul de l'autorité sur les Enfans, comme faisant dans ce cas pour sa Femme et pour lui.

Ainsi, d'après ce que je viens d'exposer, il n'existe bien constamment aucune différence entre les Droits du Pere et ceux de la Mere sur les Enfans communs. L'Autorité, les Droits sont les mêmes, et sous aucun aspect on ne peut établir entr'eux de différence à cet égard.

Mais après avoir établi les *Droits* et le pouvoir des *Parens* sur leurs *Enfans*, ce serait, je crois, laisser la solution imparfaite, si je n'entrais, en même-tems, dans l'examen des *devoirs* des *Parens* envers leurs *Enfans*, et si je n'établissais les bornes légitimes du *respect* et de l'*obéissance* que les *Enfans* doivent à leurs *Parens*; car la Nature, la raison et la Loi, doivent également leur protection aux uns comme aux autres. C'est ce qui me reste à développer.

SIXIEME SECTION.

Des Devoirs *des* Parens *envers les* Enfans.

Les Parens abusant de leur titre et de l'autorité qui leur est confiée, sont souvent aussi injustes envers leurs Enfans, que ceux-ci sont ingrats envers eux. Il manque, à cet égard, beaucoup à la Législation de tous les Païs, qui accordent trop aux uns et pas assez aux autres; et il conviendrait, ce me semble, qu'une Législation impartiale contînt les uns et les autres dans les bornes du devoir, en offrant à chacun les ressources nécessaires contre le Despotisme Paternel et contre l'ingratitude Filiale.

Il ne suffit point aux Parens de pouvoir exercer l'autorité sur leurs Enfans, ils ont encore des devoirs à remplir envers eux, et ces devoirs consistent à les traiter avec humanité, douceur et patience; ils doivent en regardant leurs Enfans, se rappeller leur propre jeunesse, et savoir que, de tous les Animaux, l'Homme est celui dont l'éducation est la plus difficile et la plus longue, car elle exige plus du quart de son existence. Qu'est-ce en effet qu'une Fille de de quinze ans, et un jeune homme de vingt? Ce n'est donc qu'avec le tems et la patience qu'il est possible de mettre un Enfant en état de se produire dans la Société, d'y tenir un rang, d'y avoir une consistance.

Les Parens doivent encore user d'une prudente indulgence envers leurs Enfans ; je dis *prudente*, parce qu'une indulgence *outrée* fait d'ordinaire le malheur réciproque des uns et des autres ; mais cette indulgence doit se régler sur l'âge, sur la complexion, sur le génie des Enfans : ce serait une erreur de croire que deux ou plusieurs puissent s'élever d'après les mêmes principes ; il faut, au contraire, en suivant des principes égaux, savoir en varier les modes ; et c'est le grand art de l'éducation. L'on doit avoir pour principe certain, que tout Enfant qui ne pêche que par légereté, caprice, insouciance, étourderie, pourra se former avec l'âge : mais que celui qui pêche par vice de cœur, ne sera jamais corrigible : c'est donc le cœur, et non l'esprit ou le caractere, que les Parens doivent sonder, étudier et former : aux défauts de l'esprit et du caractere, il ne faut opposer que de la constance, de la douceur et des remontrances ; aux vices de cœur, il faut opposer l'austérité, les menaces, les punitions, et souvent encore ne réussira-t-on pas, parce que ces sortes de vices tiennent à l'ame et à l'organisation intellectuelle que l'Auteur seul de la Nature pourrait réformer.

Les Enfans parvenus à l'âge de l'adolescence, les Parens doivent n'user, envers eux, que des armes de la raison, de l'amitié, du sentiment; ils doivent guider et faciliter leur carriere dans le Monde; ils ne doivent, sur-tout, ne les gêner, ni sur le choix d'un état, ni sur celui d'un établissement: en effet, lorsqu'un Enfant embrasse par goût un état quelconque, l'émulation est nécessairement compagne de l'inclination, et l'on peut être sûr des succès de l'Enfant; s'il embrasse au contraire un état contre son gré, l'on peut être assuré d'avance qu'il ne sera jamais qu'un sujet très-médiocre. Il en est de même quant au mariage des Enfans; si des Parens, sans des considérations graves, s'opposent à l'union de deux Individus qui s'aiment et s'estiment, il en résulte le malheur, et souvent le désordre, entre quatre personnes, parce que les Enfans qu'on a refusé d'unir ensemble, s'unissent à d'autres qu'ils n'aiment point, et souvent se retrouvent après leurs unions réciproques, et nourrissent une passion qui fait le malheur de tous.

Je conviendrai qu'il est des unions qui, si elles avaient lieu, seraient très-mal assorties : mais le moïen d'en prévenir l'effet, est de prendre les Enfans par la douceur et la confiance, et de ne pas leur opposer brusquement le Despotisme révoltant de l'autorité qui ne fait qu'exciter la dissimulation ; de la raison, des représentations vraies et douces sur les inconvéniens réels qui pourraient résulter de pareilles unions, doivent suffire auprès d'Enfans bien nés : si la raison ne les ramene pas, et que les motifs d'opposition soient graves, c'est le cas alors de développer l'énergie de l'autorité Paternelle ; le bien et l'intérêt même des Enfans, l'exigent impérieusement.

Mais il est un dernier devoir bien essentiel de la part des Parens envers les Enfans, c'est d'éviter à leur égard, lorsqu'ils sont plusieurs dans une même maison, toute espece de prédilection, de préférence ou d'avantages en faveur des uns, au préjudice des autres ; source trop ordinaire de la haine et de la désunion, qui regnent souvent entre les Freres et Sœurs.

La premiere des Loix émanée du *Pacte-Social* entre les Hommes, a été que les Enfans succédassent au Nom et à la Fortune de leurs Parens ; et cela devait être comme une récompense de l'esclavage dans lequel ils étaient tombés ; parce qu'en effet, ils ont cessé d'être libres du moment qu'ils ont été subordonnés aux Auteurs de leurs jours : ce principe une fois adopté, tous les Enfans d'un même Pere ont dû être égaux à ses ïeux, commme ils l'étaient entr'eux ; et cette égalité, cependant, est ce qui souvent s'observe le moins dans les Familles : un Pere dispose arbitrairement du sort et de la portion de fortune que la sagesse du *Pacte-Social* accordait aux Enfans, ou restraint la fortune des uns, pour agrandir celle des autres ; pour un riche héritier qu'on veut laisser après soi, on laisse quelquefois dix malheureux que l'indigence conduit souvent au crime, à la bassesse, et plonge dans l'abîme de tous les vices (1). Eh ! quel droit l'Aînesse peut-elle conférer dans l'ordre de la Nature et de la raison ? Aucun : nul Enfant n'a demandé à naître le premier ou le dernier ; et nulle Loi raisonnable n'a pu infliger de peine à un Puîné de n'avoir pas précédé son Aîné ; cependant, les privileges de l'aînesse sont bien réellement la punition de la *post-géniture*, ou des derniers procréés. Nés d'un même Pere et

(1) Cet abus vient d'être sagement réformé en France par la suppression absolue du droit d'Aînesse.

d'une même Mere, formés du même sang les uns et les autres, tous les Enfans d'une même Famille peuvent-ils être moins chers aux Auteurs de leurs jours ? Aussi faut-il convenir, que les droits de la primogéniture n'ont jamais dû leur origine qu'à des tems de barbarie que les lumieres de la raison, de la justice et de la saine philosophie n'avaient point encore éclairées : cette lumiere devenue générale aujourd'hui dans l'Europe, doit détruire, pour jamais, des Loix aussi contraires au bon sens qu'à l'humanité.

Mais, oppose-t-on, et la Noblesse, et les Rangs et les Titres ! que deviendront-ils ? A cela je réponds ; 1°. ces considérations ne sont certainement jamais entrées dans le préambule du *Pacte-Social*, et moins encore dans ses dispositions : 2°. le dernier des puînés n'est assurément ni moins Noble, ni plus Roturier que son aîné ; quant aux Rangs, ils sont parfaitement égaux entr'eux dans l'ordre de la Nature ; quant aux Titres, il faut y mettre une valeur, les partager et les lotir comme les biens, à la charge d'une soulte si les lots sont inégaux. Mais, dira-t-on, qui soutiendra l'honneur et la fortune de la maison, si les partages deviennent égaux ? Cet honneur et cette fortune seront mieux soutenus par quatre Héritiers égaux que par un seul favorisé, qui souvent, se ruine ; *vis unita fortior* ; mais ce sont, dira-t-on encore, les avantages des aînés qui font les grands Mariages : à cela je réponds, non-seulement qu'il ne s'en fera pas moins, mais qu'encore il s'en fera bien davantage, et le bien général y gagnera d'autant ; ce sera même un moïen de dépeupler promptement tant de maisons qui ne renferment, pour ainsi dire, que les victimes des préférences paternelles et de l'injustice des Loix. Il est bientôt tems que les Hommes ouvrent les ïeux, et considerent, de sang froid, toutes les inepties que, depuis si long-tems, on ose nous vanter comme des Loix dictées par la sagesse et l'équïté : (1) que l'on pese, que l'on examine tous les maux qui ont résulté, qui résultent encore tous les jours, de cette malheureuse inégalité entre les Enfans : les haines qui en sont la suite, les crimes souvent très-cachés qu'elle engendre au sein de la vengeance et du désespoir, l'opprobre, la débauche et la dépravation, fruits de l'indigence, et toutes les conséquences plus funestes

(1) Depuis que cet Ouvrage est fait, l'ASSEMBLÉE NATIONALE DE FRANCE a supprimé tous les abus qui faisaient l'objet de ce paragraphe.

les unes que les autres qui en dérivent ; alors on jugera des effets d'une Loi si faussement combinée.

Mais, de quel droit encore, des Parens qui ont quatre Enfans, prétendent-ils en faire un Militaire, un Magistrat, un Prêtre, un Religieux ? De quel droit peuvent-ils les vouer à un état plutôt qu'à tout autre ; n'est-ce pas le moïen de faire, tout à la fois, de mauvais Officiers, de pitoïables Juges, de très-mauvais Prêtres et de plus mauvais Moines ? Et cependant, tel est l'ordre établi dans la Société, contre les réclamations journalieres de l'ordre naturel, de la raison, du bon sens et de l'équité.

C'est l'état d'un Homme qui détermine le sort de sa vie ; peut-on et doit-on le soumettre au choix et à la volonté d'un tiers ? il serait même absurde de le penser ; il ne l'est donc pas moins de le faire.

Ce que je viens d'exposer sur les devoirs des Parens, me dispense d'entrer dans un grand détail sur les excès qu'ils doivent éviter à l'égard de leurs Enfans, tels que la violence, l'emportement, les mauvais traitemens. Ces mouvemens souvent mérités et souvent injustes, ne peuvent qu'aliéner le cœur des Enfans, et rebuter leur attachement, ou dénaturer leur caractere : la modération et la fermeté leur sont infiniment plus sensibles, sur-tout quant ils sont dans leurs torts, et que le cœur n'est point vicié.

Maintenant, après avoir développé ce que les Parens doivent faire et ce qu'ils doivent éviter, je vais passer aux devoirs des Enfans.

SEPTIEME SECTION.

Des Devoirs *des* Enfans *envers les* Parens.

Dans l'état de Civilisation, les Enfans doivent incontestablement tout à leurs Parens, éducation, avancement, fortune ; mais, d'après les conventions du Pacte-Social, ces avantages ne sont, pour ainsi-dire, qu'une substitution perpétuelle ; car les Enfans doivent eux-mêmes faire pour leurs *Descendans*, ce que leurs *Ascendans* ont fait pour eux.

Mais quoique, dans l'état de *Nature*, les *Enfans* ne soient tenus à rien envers leurs *Parens*, ils sont tenus à beaucoup de *Devoirs* dans l'état de *Civilisation*. En effet, de bons Parens prennent des soins infinis de leurs Enfans, celui de leur santé, celui de leur éducation, celui de leur avancement, de leur prospérité, de leur conservation : que d'inquiétudes mortelles ne conçoit-on pas, pour le présent et pour l'avenir, jusqu'à ce qu'un Enfant ait échappé aux dangers de la Nature, de la jeunesse, et jusqu'à ce qu'il ait acquis, dans le monde, cette consistance qui ne laisse plus appréhender pour son sort ?

Ces soucis, ces inquiétudes, ne peuvent être compensés que par la sensibilité, la reconnaissance, le respect, la déférence et la soumission des Enfans : ils doivent à leurs Parens un retour de sacrifice, et faire pour ces derniers, par gratitude, ce que ceux-ci n'ont fait pour eux que par attachement ; ils doivent consoler leurs Parens dans leurs peines, les partager et les adoucir, s'il est possible : sont-ils malades ? ils doivent les soigner, et aller au devant de tout ce qui peut tendre à la conservation de leurs jours : sont-ils dans l'infortune ? ils doivent partager avec eux leur aisance ou leur médiocrité : sont-ils morts ? ils leur doivent encore des larmes, des regrets, et un éternel souvenir des bienfaits qu'ils en ont reçus.

Le vice ou le crime de beaucoup trop d'Enfans, est de regarder la fortune de leurs Parens comme un domaine dont ils ont la propriété,

Les différences de sistêmes religieux ne sont véritablement que des différences d'opinion. Si elles étaient individuelles, elles n'auraient rien de dangereux ; mais elles ont été collectives, et, pendant nombre de siècles, elles ont allumé dans l'Europe entière, les torches de la discorde, alimenté les guerres les plus sanglantes, dévasté la population, fomenté des haines implacables, et porté par-tout le désordre et la désolation. Tels ont été les cruels effets de la discordance des opinions religieuses.

De là, naît la question de savoir si l'on doit n'admettre *qu'un Culte*, ou si l'on doit les tolérer *tous*, et ce n'est qu'en pesant les conséquences, qu'il est possible de se fixer à un principe sur cette matière.

Les Ministres seuls des différens cultes, ont, dans tous les tems, été les véritables auteurs de tous les troubles ; la Souveraineté que chacun d'eux exerçait tiranniquement sur l'Opinion Publique, l'intérêt qui dirigeait leur conduite, l'orgueil dont ils étaient respectivement pénétrés, n'ont jamais permis de concilier les Opinions, ce qui serait infailliblement arrivé sans l'influence de ces Ministres.

En effet, rien de plus simple aux yeux, je ne dirai pas de tout Philosophe, mais de tout être raisonnable, que ce dilemme ; vous admettez *tous* le même Etre-Suprême, ou vous ne l'admettez pas : si vous l'admettez, les attributs que vous lui reconnaissez sont les *mêmes*, ou sont *différens* ; s'ils sont les mêmes, voilà déjà la moitié des difficultés aplanies. Maintenant, vos cérémonies religieuses se ressemblent entr'elles, ou diffèrent ; si elles diffèrent, ce ne peut être que dans la forme, car au fond, elles doivent nécessairement être les mêmes, puisque leur objet n'est jamais qu'un tribut d'hommage et de reconnaissance envers l'Auteur de toute chose : quant au Dogme, vous différez ; quant à la Morale, vous devez être d'accord. Mais le Dogme, à quoi se réduit-il ? A un seul point de croïance, à l'existence d'un Etre Souverain à qui vous devez tout ; ce point une fois accordé, que deviennent les discussions sur les autres points qui vous divisent ? Rien : car jamais il ne vous sera possible de vous accorder sur des choses que vous ne savez ni ne pouvez savoir. Écartés de la Religion le *merveilleux* et les *prestiges*, et toute dispute cessera. Quant à la Morale, elle doit être par-tout la même, parce qu'elle est puisée dans la même source, et qu'elle et les Enfans, il conviendrait de former et d'adopter, dans l'Europe policée, un Code de Famille étaïé sur des bases invariables, Code par lequel les droits des Parens et ceux des Enfans seraient également ménagés.

Pour cet effet, il conviendrait. 1°. De déterminer les obligations respectives des uns envers les autres et d'en fixer les limites; 2°. D'abroger l'exhérédation des Enfans, si ce n'est pour causes expresses et motivées; et, dans le cas de motifs réels, ne permettre de disposer qu'en faveur des héritiers plus proches, c'est-à-dire des Petits-Enfans, s'il en existe, parce que ceux-ci ne doivent point être victimes des torts de leurs Parens. 3°. Ne permettre aucune disposition préjudiciable aux Enfans. 4°. N'admettre les Substitutions qu'avec des motifs, parce qu'elles gênent nécessairement et empêchent l'avancement des Enfans. 5°. Interdire aux Parens tous actes de violences et tous abus d'autorité, sous peine d'être déchus de l'exercice de leur puissance. 6°. Prononcer des peines relatives aux délits des Enfans, à compter de l'âge de 12 ans jusques à 25. 7°. Abolir les sommations respectueuses dans les païs ou elles sont en usage, lorsqu'un majeur de vingt-cinq ans veut se marier et que les Parens refusent leur consentement. 8°. Établir dans chaque Tribunal une Chambre à laquelle les Parens et les Enfans puissent également porter leurs plaintes ; ordonner que lés plaintes soient présentées au Juge en forme de requête qui contiendrait tous les griefs ; et que, sur cette plainte, les Accusés et les Plaignants, soient tenus de comparaître en personne devant le Tribunal pour être entendus, confrontés et jugés de suite, sans procédure et sans frais.

Le point essentiel serait que les peines à prononcer contre les Enfans suivant leurs âges et leurs délits n'emportassent avec elles aucune tache ni déshonneur, mais qu'elles attaquassent sur-tout l'amour-propre et la sensibilité des coupables ; la prison plus ou moins longue, sans communication ; le pain et l'eau ; des amandes honorables à l'Auditoire ; les injonctions, les admonitions etc. me paraîtraient être les seules peines à infliger pour les délits purement domestiques, les autres étant réservées aux Tribunaux ordinaires. Par ce moïen, l'on ôterait aux Parens les punitions domestiques d'un certain genre, toujours mal administrées et suggérées par la passion qui nuit souvent plus qu'elle ne profite. A l'aide d'un Tribunal et d'une Législation de cette espèce, on reformerait bien des Enfans, et l'on en sauverait beaucoup de la main des bourreaux; d'ailleurs les Juges apprendraient à connaître les Enfans, à les apprécier, à les juger d'après les récidives, et à prévenir, par des réclusions longues ou perpétuelles, les crimes auxquels ils paraîtraient avoir de la propension.

A l'égard des Parens, les peines que l'on pourrait prononcer contre eux seraient la Privation de leur Autorité dans les cas d'abus, de graves Admonitions, des Injonctions; dans les cas de refus de consentement à des Mariages sortables, on autoriserait les Enfans à passer outre, et l'on obligerait les Parens à les doter suivant leurs facultés; on obligerait de même des Parens durs et dénaturés à fournir à leurs Enfans, suivant les cas, une subsistance proportionnelle à leur fortune; enfin, dans le cas de mauvaise volonté caractérisée, l'on pourrait empêcher les Parens de disposer de leurs immeubles, si ce n'est, à la charge de remploi, car on ne peut dissimuler que, s'il existe de mauvais Enfans, peut-être existe-t-il autant et plus de mauvais Parens.

Avec des précautions aussi justes, aussi sages, et l'établissement de la Chambre que je propose; on pourrait être sûr de voir bientôt la paix, l'union et la tranquillité renaître dans les familles, les Parens craindraient, par amour-propre, d'être cités et mulctés au Tribunal; les Enfans seraient plus effraïés de comparaître et d'y être jugés, que d'essuïer toutes les punitions domestiques imaginables.

Une pareille Législation dans les détails de laquelle les bornes de cet Ouvrage ne me permettent pas d'entrer, serait digne du Successeur de l'immortel FÉDÉRIC, et, par-là même, il deviendrait, à plus juste titre que tant d'autres Souverains, le Pere de ses Peuples, et l'ami de ses Sujets. Digne émule du plus grand Monarque dont l'Histoire puisse s'honorer, il ne reste à l'auguste Souverain de la Prusse, que ce dernier chapitre à ajouter au nouveau Code, que son Prédécesseur avait projeté, mais que le terme de sa carriere ne lui a pas permis de voir exécuter.

CONCLUSION.

Maintenant, pour me résumer sur tout ce que j'ai dit dans ce Mémoire, on a vu que, dans l'état de *Nature*, les Parens n'avaient aucun *droit* sur leurs Enfans, et que ceux-ci n'étaient tenus à aucuns *devoirs* envers eux. On a vu qu'elle était l'origine primitive du pouvoir des Parens ; que dans l'état de *Civilisation*, ils avaient acquis sur leurs Enfans une *autorité* seulement *relative* ; autorité consentie par le *Pacte-Social*, à la charge par les Parens de reconnaître, d'élever, de gouverner, d'établir leurs Enfans en bons Peres, et de leur laisser en mourant leur fortune et leurs noms : l'on a vu qu'en perdant leur liberté primitive et naturelle, les Enfans en ont été dédommagés par des avantages qu'ils n'auraient pu trouver dans leur état de liberté ; mais aussi ces avantages ne leur ont-ils été concédés par le *Pacte-Social*, qu'à la charge de reconnaître, d'honorer les Auteurs de leurs jours, de les respecter et de leur vouer toute espèce de déférence, de soumission et de reconnaissance ; et c'est sous l'observation rigoureuse de ces devoirs respectifs, que le *Pacte-Social* a lié les *Parens* aux *Enfans*, et les *Enfans* aux *Parens* ; d'où il résulte qu'aujourd'hui il n'est plus possible aux uns ni aux autres de rompre le lien qui les a réunis ; l'on a vu ensuite que l'autorité des Parens se bornait à la seule faculté de faire le bien de leurs enfans, que leur pouvoir ne s'étendait qu'au droit de régir, gouverner et administrer leurs personnes et leur fortune en bons Peres de famille, et que tout sentiment contraire leur était interdit par l'humanité, la raison et les Loix. J'ai démontré qu'il n'existait aucune différence entre l'*autorité* du *Pere* et celle de la *Mere*, que cette autorité devait être égale, individuelle et permanente; que les Peres et les Enfans étaient tenus à des *devoirs* réciproques les uns envers les autres, et que si les Enfans avaient le droit d'exiger de leurs Parens, de la tendresse, des soins, de l'attention et de la bienveillance, ceux-ci avaient le droit d'exiger d'eux en retour, de l'attachement, du respect, de la soumission et de la reconnoissance; que l'exercice du *pouvoir* avait un terme, et que celui des *devoirs* n'en pouvait pas avoir. Enfin, j'ai démontré la nécessité d'un *Code de Famille*, et d'un Tribunal auquel on pût admettre également les plaintes des Parens et des Enfans, et juger impartialement les uns et les autres. J'ai fait voir que la Législation devait venir au secours de tous, et mettre un frein soit aux *injustices* trop fréquentes des Parens, soit aux *vices* trop marqués des Enfans.

D'où il faut conclure, que l'*autorité Paternelle* et l'*obéissance filiale*, ne sont qu'une suite du *Pacte-Social*, qui en a jetté les fondemens et limité les bornes, quant aux Parens, au seul pouvoir de faire le bien phisique et moral des

Enfans; et quant aux Enfans, à l'hommage du respect, de la soumission et de la reconnaissance. Que le pouvoir *Paternel* ou *Maternel*, est égal et individuel; que les Loix ne peuvent établir aucune différence entre ces deux autorités; qu'elles ont les mêmes fondemens, conséquemment les mêmes limites; et qu'enfin, loin de donner à l'autorité des Parens une plus grande extension, et d'agraver le joug des Enfans, il est de la sagesse de la Législation, et de l'intérêt du bien général, d'établir une balance entre le Despotisme des Parens et l'Insubordination des Enfans; d'accorder aux uns et aux autres une égale protection, et d'entretenir un équilibre perpétuel entre l'*Autorité Paternelle*, et la *Soumission Filiale*.

Paris, 30 Septembre 1787.

ERRATA.

Page 12, lignes 12 et 13, *lisez* Nature,

TABLE

DES MATIERES.

FIN.

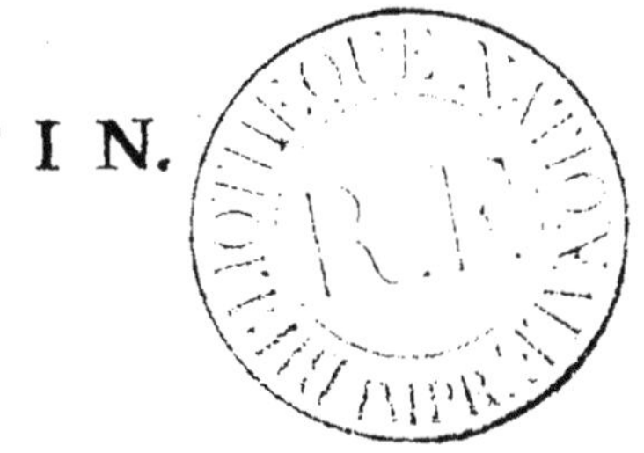

De l'Imprimerie de J. J. RAINVILLE, rue Sainte-Anne, bute Saint-Roch, No. 59.

www.ingramcontent.com/pod-product-compliance
Ingram Content Group UK Ltd.
Pitfield, Milton Keynes, MK11 3LW, UK
UKHW020330180726
13839UKWH00002B/632

9 782329 586656